셀프리더십

귀마지 소통법

셀프리더십
귀마지 소통법

초판발행	2016년 10월 28일
3쇄 인쇄	2018년 10월 25일
지은이	김효석
펴낸곳	출판이안
펴낸이	이인환
등록	2010년 제2010-4호
편집	이도경 김민주
주소	경기도 이천시 호법면 이섭대천로 191-12
전화	031) 636-7464, 010-2538-8468
제작	세종 PNP
이메일	yakyeo@hanmail.net
SBN	ISBN : 979-11-85772-34-9(03320)
가격	12,500원

이 도서의 국립중앙도서관 출판시도서목록(CIP)은 서지정보유통지원시스템 홈페이지(http://seoji.nl.go.kr)와 국가자료공동목록시스템(http://www.nl.go.kr/kolisnet)에서 이용하실 수 있습니다.(CIP제어번호 : CIP2016024856)

귀를 열고
마음을 열고
지갑을 여는

SELF LEADERSHIP

귀마지
소통법

김효석 지음

소통이란?

막히지 아니하고 잘 통함

뜻이 서로 통하여 오해가 없음

소통으로 행복에 이르기를 바라며

———

대한민국 설득박사 1호 김효석

방송과 전국의 강연장에서 소통과 설득을 주제로 참 많은 사람들을 만났습니다. 그때마다 항상 아쉬움이 남았습니다. 방송과 강연이 끝나고 이메일과 카톡을 보내주시거나, 현장에서 직접 말씀하시는 것을 통해 많은 분들이 소통 문제로 힘들어 한다는 것을 알았지만 강의만으로 해답을 찾아주는 것에 한계를 느꼈기 때문입니다.

고민 끝에 근래 들어 소통 문제로 힘들어 하는 사람들이 더욱 많아진 이유가 무엇인지 찾아보았고, 그것이 급격한 시대 변화에 있다는 것을 알았습니다. 하루가 모르게 변하는 시대에 정말 바쁘게 살다 보니 미처 챙기지 못한 사소한 것들이 소통에 큰 문제를 일으키고 있다는 것도 알았습니다. 미리 조금만 살피면 해결할 수 있는 문제들이 소통의 부재로 걷잡을 수 없는 큰 갈등의 원인으로 작용한다는 것도 알았습니다. 가족 간의 갈등, 부모 자식 간의 갈등, 세대 간의 갈등, 직장 동료들 간의 갈등….

이런 모든 갈등은 소통만 원활하게 이뤄지면 쉽게 해결할 수 있는 일들입니다. 그런데 서로가 너무 바쁘고, 시대의 변화를 따라잡지 못하다 보니, 서로의 차이를 미처 살피지 못해 갈등의 골은 더욱 깊어만 갑니다. 이런 문제를 해결하고자 '대한민국 1호 설득박사'로 활동하면서 소통과 설득의 기술을 강의했던 경험을 살려 누구나 쉽게 소통할 수 있는 기본 공식을 만들어 보았습니다.

"귀를 열고, 마음을 열고, 지갑을 열자."

그동안 제가 방송과 강연에서 수없이 강조했던 세일즈 마케팅의 핵심입니다. 많은 분들이 함께 해서 좋은 반응을 보였고, 지금도 많은 이들이 이 방식대로 세일즈에 적용함으로써 많은 실적을 올리고 있습니다.

세일즈나 마케팅에서 출발한 저의 소통경험을 이제 일상으로 끌어 들여 '귀마지 소통법'을 만들어 봅니다. 이 소통법이 가족 간, 부모 자식 간, 세대 간, 직장 동료들 간의 문제를 원활히 풀어줄 것이라 기대합니다.

그동안 방송이나 강연장에서 '귀마지 소통법'을 완성할 수 있도록 함께 해주신 모든 분들께 감사드립니다. 아울러 솔직한 대화로 부부소통이 왜 중요한지 깨닫게 해준 아내와 속을 썩이면서도 자녀소통에 눈을 뜨게 해준 딸, 너무 내성적이라 걱정이 되어 아빠가 먼저 다가서게 만들었지만 지금은 누구보다 활달하게 소통하고 있는 대견한 아들에게 이 책을 바칩니다. 감사합니다.

006 ____ **인사말 / 소통으로 행복에 이르기를 바라며**

프롤로그 / 소통의 기본 레시피를 익히자

귀마지 소통법이란?

015 ____ 설득의 마인드로 여는 소통법
017 ____ 귀와 마음과 지갑을 여는 소통법
018 ____ 상상목표, 소통의 4요소를 익히자
019 ____ ● 당신도 성폭행범이 되기 싫다면?
023 ____ ● 인질범에게 솔직하게 말하시겠어요?
028 ____ ● 바보가 돈을 쉽게 버는 방법, 왜 이걸 몰랐을까?
032 ____ ● 몸과 글이 말을 한다?

왜 귀마지 소통법인가?

036 ____ "밥 먹었어요?"의 수많은 의미
038 ____ "내 말이 들려?"
039 ____ 하다가 안 되면 수다로 즐겨라
043 ____ 귀마지 소통법으로 경쟁력을 갖추자
       ● 로봇은 노력하는데 우리는 하지 않는 이것은?
045 ____ ● 젓가락질을 서양인에게 배우시겠습니까?
047 ____ ● 가족이 식구라구요? 글쎄요?
051 ____ ● 다윈의 진화론은 동물의 문제만이 아니다

귀마지 소통법, 어떻게 활용할 것인가?

056 ____ 나는 한 마디도 말한 바가 없다
058 ____ 300의 사소함이 만드는 결과는?
061 ____ 뇌호흡? 아니 뇌소통이 대세다

PART 1　**귀를 열어라** – 궁금의 기술

궁금해 하라

073　　어느 갑부의 호기심
075　　아내보다 낯선 여자가 매력적으로 보일 때
080　　부부소통? 손익계산으로 따져보자

설렘을 즐겨라

086　　설렘은 착각이 가능하다
089　　두려움과 설렘은 일란성 쌍둥이다
092　　안다고 생각하면 큰 코 다친다

맞춰라, 상대에게

097　　날 따라 해봐요, 요렇게!
100　　눈으로 말해요
103　　예쁜 뒷담화의 부메랑 효과
107　　내가 말을 잘하는 진짜 이유

질문하라 / how로 질문하라

110　　한정 질문과 자유 질문 무엇이 먼저일까?
114　　"그걸 질문이라고 하세요?"
117　　질문하기 전에 질문하자, 나에게!

PART 2   마음을 열어라 – 칭찬(아부)의 기술

칭찬의 기술을 익히자

125   "예뻐졌네요"가 욕이 된 이유는?

130   진짜로 칭찬해보자

132   이왕이면 크게 하자

아부하라

135   강호동은 비호감형일까? 호감형일까?

137   ● "유재석을 이기고 싶어요!"

138   ● 김제동이 들려주는 강호동식 〈아부의 기술〉

151   아부는 칭찬의 다른 이름이다

155   기억나게 인사하라

159   밥 먹듯이 하라

161   아부는 공개적으로 하자

공감하라

163   지금 노력한 부분을 살펴라

166   따라 하라

168   헤아리고 또 헤아려라

꾸준히 하라

170   냄비 NO! 가마솥 OK!

174   낙수가 뚫지 못하는 바위는 없다

184   하나만 꾸준히 해도 만 가지 힘을 얻는다

PART 3 지갑을 열어라 – 선물의 기술

191 ____ 뇌물과 선물의 차이는?
195 ____ 떳떳하게 받았으면 티 나게 표현하라
199 ____ 무재칠시(無財七施)는 기본이고 이왕이면…
204 ____ '준다'의 미래형은 '받는다'
209 ____ 적을 내 편으로 만드는 요청의 힘

에필로그 / 관계를 좋게 하는 귀마지 소통법

자녀와의 관계를 좋게 하는 소통법

215 ____ 자녀는 슈퍼 甲이다
217 ____ 귀를 열어라
220 ____ 마음을 열어라
            ● 아이 입장이 되어 봤는가?
222 ____   ● 노력한 부분을 칭찬하는가?
226 ____ 지갑을 열어라
            ● 보상의 부작용을 아시나요?
230 ____   ● 사랑할수록 조심해서 지갑을 열자
232 ____   ● 좋은 걸 사줘도 욕먹는 이유는?

부부관계를 좋게 하는 귀마지 소통법

235 ____ 귀를 열어라
240 ____ 마음을 열어라
242 ____   ● 부부의 마음을 여는 대화법
243 ____   ● 복사화법 실전연습
246 ____ 지갑을 열어라

상대가 내 말을 듣게 만들려면

내가 먼저 상대의 말에

귀를 열고 마음을 열고 지갑을 열어야 한다

Prologue

소통의 기본 레시피를 익히자

깊이 듣고 다정하게 말하는 것이 소통의 기술이다.

다정하게 말하는 것에는 돈이 들지 않는다.

- 베트남 속담

귀마지 소통법이란?

설득의 마인드로 여는 소통법

소통법에 대한 많은 이론이 나왔다. 인간 사회에서 소통만큼 중요한 것도 없기에 수많은 사람들이 좋은 소통법을 개발하기 위해 연구한 결과라고 생각한다.

나는 그동안 설득박사라는 이름으로 활동하면서 수많은 사람과 소통했다. 그런 과정에서 소통의 문제를 일으키는 사람들은 대부분 강요를 설득으로 착각한다는 것을 알았다.

강요와 설득은 동전의 양면이다. 강요는 상대를 억압해서 상대가 내 말을 들을 수밖에 없게 만드는 것이고, 설득은 상대의 마음을 얻어 상대가 스스로 내 말을 들어주게 하는 것이다.

그동안 나는 강요와 설득의 차이는 이론보다 마인드에서 찾아야 한다고 주장해 왔다. 내가 누군가에게 무엇인가를 부탁을 했는데 상대가 거절한다. 이때 '욱!' 하는 마음이 올라오면 강요의 마인드고, 상대가 거절했지만 '왜 거절을 했을까?' 라며 그 마음을 헤아리며 거절한 이유를 해결해서 늦게라도 상대가 스스로 마음을 일으켜 내 말을 들어주게 만드는 노력이 바로 설득의 마인드다.

우리는 살아가면서 수많은 사람과 소통을 한다. 그런데 우리는 소통을 한다고 하면서도 은연중에 상대의 의견보다 내 의견이 더 관철되기를 원한다. 오죽하면 술자리에서 별문제도 아닌 것을 갖고 목소리를 높이며 핏대를 세우다 극한 대립으로 상대를 죽이는 일까지 생기겠는가? 자기 의견을 들어주지 않았다는 것에 감정이 상하고, 감정이 상하다 보니 물불을 가리지 않게 되는 것이다.

내 말을 들어주지 않았다는 것에 대해 감정이 올라오는 마음, 이것이 곧 강요의 마인드다. 내가 아무리 옳은 말을 하더라도 상대가 내 말을 들어주지 않는다고 감정이 올라왔다면 이때는 얼른 내가 강요의 마인드로 상대를 윽박지르고 있다는 것을 알아차려야 한다.

설득의 마인드는 상대가 내 말을 듣지 않는다고 해서 감정을 상할 이유가 없다. 상대가 내 말을 들어주면 좋은 것이고, 설사 들어주지 않는다 해도 본전이 아니던가? 나는 잃을 것이 없기에 감정 상할 일도 없다. 이렇게 생각하고 내가 원하는 것을 얻기 위해 어떻게든 상대의 마음을 얻어 상대가 스스로 내 말을 들어주게 만들겠다는 마음이 곧 설득의 마인드인 것이다.

그동안 여러 방송이나 강연장에서 강요와 설득의 마인드를 구분하고 소통을 잘 하기 위해서는 먼저 강요의 마인드를 버리고 설득의 마인드를 가져야 한다고 강조하면서 많은 분들에게 호응을 얻었다.

이제 이것을 조금 더 체계화하고, 누구나 알기 쉬운 공식으로 만들어 더 많은 이들과 함께 하고자 이렇게 '귀마지 소통법'을 기획했다.

귀와 마음과 지갑을 여는 소통법

귀마지 소통법은 '귀를 열고, 마음을 열고, 지갑을 여는 소통법'의 줄인 말이다.

소통을 잘 하려면 다음과 같은 세 가지 기술이 필요하다.

첫째, 나의 귀를 여는 기술

둘째, 나의 마음을 여는 기술

셋째, 나의 지갑을 여는 기술

상대가 내 말을 듣게 만들려면 내가 먼저 상대의 말에 귀를 열고, 마음을 열고, 지갑을 열어야 한다.

수학의 기본 공식은 구구단이다. 수학을 잘 하려면 구구단은 기본으로 외워야 한다. 마찬가지로 소통을 잘 하려면 이제 '귀마지 소통법'의 기본 공식을 외워야 한다.

'귀를 열고, 마음을 열고, 지갑을 열자.'

이것이 '귀마지 소통법'의 기본공식이다.

상상목표, 소통의 4요소를 익히자

소통에 꼭 필요한 4가지 요소가 있다.

첫째는 **상대**, 둘째는 **상황**, 셋째는 **목적**, 넷째는 **표현**이다. 그리고 이들은 또 각각 세 가지 요소로 이뤄져 있다.

지금부터 구체적으로 살펴보자.

당신도 성폭행범이 되기 싫다면?

: 상대의 3요소(관계, 성별, 연령)를 살피자

"자네, 자주 지각하네. 직장이 무슨 친목단체인 줄 아나?"

상대를 기분 나쁘게 하는 표현이다. 이런 말을 들으면 아무리 잘못한 사람이라도 반성하기보다 오히려 욱하고 반발을 하는 경우가 많다. 그렇다면 같은 말이라도 상대가 내 말을 듣게 만들기 위해서는 어떻게 하는 것이 좋을까?

"김대리, 지난 주에도 지각을 한 것으로 알고 있는데, 자꾸 이러면 부하 직원들이 김대리를 어떻게 보겠나? 내가 김대리 아끼는 것 잘 알잖아. 그러니 부하직원들이 김대리를 우습게 여기면 나도 힘들어지지 않겠나? 참, 안타깝네."

여러분은 어떤지 생각해 보자. 전자와 후자 중에 어떤 말을 들었을 때 상대와 소통하고 싶은 생각이 들겠는가?

힘들게 일을 마치고 집에 갔더니 수험생인 아이가 텔레비전 앞에서 낄낄 거리며 푹 빠져 있다. 이때 어떻게 말하는 것이 좋을까?

"어, 너 내일 시험 아냐? 너 공부 안 하고 뭐 하는 거야? 너 지금 미쳤냐? 아주 시험 망치려고 작정을 했구나."

"어, 내일 시험 아냐? 아빠는 내일 시험이 있는 것으로 알고 있는데. 우리 아들의 이런 모습을 보니까 시험 망칠까 봐 걱정이 되네."

당연히 후자의 말이 소통에 보탬이 된다. 전자는 소통의 단절을 부르는 말이다. 후자처럼 말하는 것을 아이 메시지(I Message)라고 한다. 상대가 잘못을 했어도 내 입장에서 있는 그대로 상황을 표현해주고, 그로 인해 생긴 나(I)의 감정을 전달(Message) 해서 상대와 소통을 꾀하는 것이다.

행동을 짚어주고, 결과를 예상하고, 내 감정을 이야기해 주자. 그러면 나도 화를 낼 이유가 없어지고, 듣는 이도 감정이 상하는 일이 없이 말뜻을 알아들어 설득력이 더 높아진다.

부하직원이 보고서를 내기로 했는데 세 번이나 약속시간을 어겼다. 이것 때문에 나도 상사에게 안 좋은 소리를 들을 것 같다. 어떻게 하겠는가?

"김대리, 지금 뭐 하는 거야? 약속을 세 번이나 어겼잖아? 일을 그렇게 하면 되겠어?"

"김대리, 아니 이 시간까지 보고서를 내기로 약속을 했는데 세 번이나 어겼네. 이렇게 보고서 하나 제출하는데 약속을 어기는 것을 보니 나중에 더 큰일을 맡겼을 때 어떻게 될지, 또 상사들이 김대리를 어떻게 볼지 직속 상사인 나로서 참 걱정이 되네. 그러니 시간에 맞춰서 해주었으면 하네."

이렇게 상대의 행동을 짚어주고, 결과를 예측해서 말해주며, 그 결과에 대한 나의 감정 상태를 말해준다면 상대는 감정을 크게 상하지 않아 내가 원하는 말을 들어줄 확률이 높다. 그만큼 원활한 소통을 이룰 수 있다.

소통은 상대의 입장을 헤아리는 것이 출발점이다. 이때 살펴야 할 상대의 3요소로 **관계, 성별, 연령**이 있다. 같은 말이나 행동이라도 관계, 성별, 연령에 따라 뜻이 다르게 전달될 수 있기 때문이다.

상명하복의 관계가 분명하던 시대에는 아랫사람이 윗사람의 말을 새겨듣는 경우가 있어 그런대로 갈등이 해결되는 경우가 있었다. 하지만 지금은 직장뿐만 아니라 가정에서도 수평적인 소통을 중요하게 여기는 분위기가 형성되면서 소통의 3요소인 관계, 성별, 연령을 더욱 세심하게 헤아려야 하는 시대로 접어들었다.

같은 말이라도 관계에 따라 상대의 반발을 불러일으킬 수 있고, 성별에 따라 성폭행범으로 몰릴 수도 있고, 연령에 따라 서로 말이 통하지 않는 사람으로 낙인 찍힐 수 있다.

따라서 소통을 잘 하려면 소통의 4요소 중에 하나인 상대와 상대의 3요소 관계, 성별, 연령을 헤아려야 한다.

: 상황의 3요소(시간, 공간, 분위기)를 살피자

우리는 말을 중요하게 여기고, '언어' 구사력이 상대방을 설득
시키는 주요 수단인 줄 알았다. 그래서 언어 구사력을 배우는 데
많은 시간을 투자하고 있다.

"살인하지 말라."
"남의 것을 훔치지 말라."
"거짓말 하지 말라."

어렸을 때부터 수없이 듣고 배웠던 말들이다. 물론 이 말의 뜻
을 모르는 이는 없을 것이고, 왜 이런 말을 배워야 하는지 그 가
치를 모르는 이도 없을 것이다.

그러나 현실적으로 이런 것들은 상황에 따라 그 가치가 달라
질 때가 있다. 때로는 공익을 위해 살인을 해야 할 때도 있고, 남
의 것을 훔쳐야 할 때도 있고, 거짓말을 해야 할 때도 있다.

생각해보라. 테러리스트가 인질을 빌미로 더 많은 사람을 죽이
려고 할 때 살인을 하면 안 된다고 그냥 방치를 하면 어떻게 되겠

는가? 흉기를 가지고 못된 짓을 하려고 하는 사람이 방심하고 있는데, 남의 것을 훔치면 안 된다고 그냥 넘어간다면 어떤 일이 벌어지겠는가? 인간은 수없이 거짓말을 하고 살 수밖에 없는 존재인데 거짓말은 나쁜 것이니까 하지 말라고 하면 어떻게 살 수 있겠는가? 앞에 있는 사람이 못 생겼는데, 거짓말을 하지 못한다면 "당신 정말 못 생겼다"고 해버려야 하는데 그러면 당장 무슨 일이 생기겠는가?

세상에 절대적으로 가치가 정해진 것은 없다. 즉 세상에 그 어떤 것도 절대적으로 옳다고 하거나, 그르다고 할 것이 없다. 이것을 가치중립성이라고 한다.

가치중립성은 세상의 그 어떤 것도 그것 자체만으로 절대불변의 가치가 정해져 있는 것은 없다는 것을 뜻한다. 단지 그것을 쓰는 인간이 어떻게 쓰느냐에 따라 가치가 달라질 뿐이다.

살인이나 도둑질, 거짓말도 그 자체로는 가치중립성을 지니고 있다. 문제는 어떻게 살인을 하고, 어떤 상황에서 도둑질을 하고, 무엇 때문에 거짓말을 했느냐에 따라 그 가치가 달라지는 것이다. 더 많은 사람을 살리기 위해서 테러리스트를 살인해야 하는 경우, 못된 짓을 하려고 하는 사람이 방심하는 틈을 타 흉기를 도둑질 하

는 경우, 아무리 못 생긴 사람이 앞에 있어도 관계를 위해 "미소가
참 좋으네요"라고 거짓말하는 경우, 이런 것들을 결코 나쁘다고 할
수 없지 않은가?

문제는 가치중립성을 지닌 세상의 모든 것들이 아니라 그것을
어떻게 활용하느냐를 결정해야 하는 나 자신에게 있는 것이다.

지금부터 우리가 배우는 귀마지 소통법도 마찬가지로 가치중
립성을 지니고 있다. 아무리 좋은 이론이라도 이것을 나쁘게 활용
한다면 할 말이 없다.

문제는 본인은 나쁜 의도로 쓴 것이 아닌데, 상대에게는 나쁜
의도로 곡해되는 경우다. 소통이 이뤄지는 상황파악을 못하고, 상
황에 맞지 않게 썼기 때문에 생기는 문제다.

"아부를 잘 하자."

그동안 내가 방송이나 강의장에서 소통의 기술로 수없이 강조
했던 말이다. 내가 아부에 담겨 있는 부정적인 의미를 몰라서 한
말이 결코 아니다.

흔히들 사람의 마음을 얻기 위해서 칭찬을 해야 한다고 한다.

나 역시 이 말에 전적으로 동의한다. 하지만 칭찬은 윗사람이 아랫사람에게 하는 말이다. 아랫사람이 윗사람에게 하는 말은 칭찬이라고 할 수 없다. 굳이 쓰자면 예찬, 찬탄 정도가 적절한 말이다.

그런데 생각해 보라. 윗사람의 마음을 얻기 위해 "예찬, 혹은 찬탄을 잘 해야 한다"고 하면 어떤 느낌이 드는가? 그야말로 아부보다 더 아부 같아서 쉽게 하지 못할 사람이 많을 것이다.

그렇기 때문에 나는 "아부를 잘 하자"고 한 것이다. 윗사람을 예찬, 또는 찬탄하는 마음으로 아부하자는 것이다. 또한 아랫사람을 대할 때도 윗사람을 모시는 마음으로 아부를 하자고 한 것이다.

생각해 보라. 일상에서 "예찬, 또는 찬탄하라", "칭찬하라"라는 말들과 "아부하라"는 말 중에 어떤 말이 더 정감 있게 다가오는가?

가치중립성으로 보면 '아부' 자체는 나쁜 것이 아니다. 그것을 쓰는 사람이 어떤 상황에서 쓰느냐에 따라 그 의미와 가치가 달라진다.

"아부를 잘 하자."

만약에 이 말을 듣고 없는 자리에서는 흉을 다 보고, 앞에서만 딸랑거리며 진짜 부정적인 아부를 한다면 어떻게 되겠는가? 당장은 잘 나갈지 모르지만, 이런 사람은 결코 오래 가지 못한다.

따라서 "아부를 잘 하자."라는 말을 제대로 이해하려면 먼저 상황과, 그 **상황의 3요소인 시간, 공간, 분위기**를 살필 줄 알아야 한다. 아무리 좋은 말도 상황을 살피지 않는다면 어느 한 순간 상대뿐만 아니라 나를 해치는 말이 될 수 있다.

"어머, 예뻐졌네요!"

이 말은 어떤 상황에서 이뤄졌느냐에 따라 상대에 대한 칭찬이 될 수 있고, 자신도 모르게 상대를 비아냥거리는 말이 될 수도 있다. 즉 가치중립성을 지니고 있기에 이 말이 이뤄진 상황, 즉 시간, 공간, 분위기에 따라 상황이 달라져서 뜻이 다르게 들릴수 있다. 상대가 기뻐하면 칭찬이 되지만, 괜히 상대가 '옛날에 안 예뻤단 말인가?' 라는 말로 받아 들여 삐치기라도 하면 소통의 큰 장애를 일으키는 부정적인 말이 되는 것이다.

따라서 소통을 잘 하려면 소통의 제4요소 중에 하나인 상황과 그 상황의 3요소인 시간, 공간, 분위기를 살필 줄 알아야 한다.

바보가 돈을 쉽게 버는 방법, 왜 이걸 몰랐을까?

: 목적의 3요소(정보전달, 설득, 친교)를 놓치지 말자

옛날 미국 어떤 마을에 좀 어리숙한 사람이 살고 있었다. 50 센트와 1달러 동전을 앞에 놓으면 이 사람은 매번 50센트 동전만 집어 주머니에 넣었다. 이것이 소문이 나서 관광객들이 몰려오면 안내원이 사람들을 이 사람 앞으로 끌고 갈 정도였다.

"저 사람은 벌써 몇 년째 50센트 동전과 1달러 동전의 가치를 구분 못하는 바보입니다. 여러분도 한번 실험해 보시기 바랍니다."

처음에는 호기심으로 하던 사람들이 어느덧 재미를 들이기 시작했다. 그때마다 이 사람은 매번 50센트 동전만 집어 들었고, 관광객들은 모습을 보고 뒤돌아서서 안쓰럽다는 듯이 혀를 차곤 했다.

어느 날 이 모습을 보고 친구가 그 사람에게 물어보았다.

"너, 정말 50센트 하고 1달러 중에 어떤 것이 더 좋은지 몰라서 그러는 거니? 매번 그러는 게 창피하지도 않아? 너 정말 바보니?"

그러자 그는 씨익 웃으며 태연하게 말했다.

"창피하다니? 난 오히려 그들이 불쌍한데?"

"왜?"

"생각해 봐라. 내가 얼른 1달러 동전을 집어넣으면, 그들이 내게 계속 돈을 주었겠니?"

비록 우스갯소리지만 흘러 들을 수 없는 이야기다. 우리는 종종 상대와 소통하는 과정에서 소통의 목적을 놓칠 때가 많다. 여러분은 소통의 목적을 어디에 두고 있는가?

바보처럼 보인 사람을 좋게 말하면 실리를 추구한 것이고, 나쁘게 말하면 돈을 위해 명예를 저버린 것이다.

관광객들을 좋게 말하면 '나는 저렇게 바보처럼 살지 말아야지'라는 교훈을 새기는데 돈과 시간을 지출했다고 할 수 있지만, 나쁘게 말하면 상대에 술수에 속아 상대방을 깎아내리는 의미 없는 일에 돈과 시간을 허비한 어리석은 사람이 되는 것이다.

중요한 것은 내가 어느 쪽을 선택하느냐에 있다. 우리는 일상에서 무슨 행동을 할 때 순간적으로 감정에 취해 그 행동을 하는 근본적인 목적을 놓칠 때가 있다.

소통의 목적에는 크게 세 가지가 있다. 상대와 새로운 정보를 주고받는 **정보전달**, 상대가 내 말을 듣게 만드는 **설득**, 그냥 특별한 의미 없이 친하게 즐기자는 **친교**가 그것이다.

아내 : "여보, 나 예뻐?"

예를 들어 남편이 일을 마치고 집에 들어왔을 때 새 옷을 맞춰 입은 아내가 문을 열자마자 이렇게 묻는다. 목적이 무엇일까? 순간적으로 상대가 소통하고자 하는 목적을 간파할 수 있어야 한다. 그 목적을 어떻게 받아들이느냐에 따라 그 대답이 달라질 것이다.

남편 : "아니, 색깔이 그게 뭐야? 안 예뻐!"

정보전달의 의미로 받아들인 사람은 이렇게 답할 수 있다. 아무리 봐도 자신은 예쁘게 볼 수 없으니까 있는 그대로 사실을 이야기한 것이다.

남편 : (듣는 둥 마는 둥) "나, 배고파! 밥 줘."

설득의 의미로 받아들인 사람은 나는 힘들게 일하고 왔는데 집에서 돈이나 쓰고 있으면서 자신을 알아 달라는 말로 듣고 반발을 할 수도 있다.

남편 : (활짝 웃으면서) "응, 예뻐. 정말 예뻐."

친교의 의미로 들은 사람은 설사 마음에 들지 않더라도 지금 아내가 자신을 알아달라는 말로 듣고 살갑게 붙이는 말을 할 수 있다.

"여보, 나 예뻐?"

여러분은 이 말의 목적이 무엇이라고 생각하는가? 정보전달? 설득? 친교? 어떻게 받아 들이느냐에 따라 가정의 행복과 불행이 결정된다. 선택은 여러분의 몫이다.

상대와 소통하려는 목적은 무엇인가? 그 목적은 상황에 따라 달라질 수가 있다. 사실을 알려주는 정보전달, 주장을 관철시켜 상대를 설득, 서로 함께 정서를 주고 받는 친교의 목적이 있다.

그런데 사람들은 간혹 소통의 목적을 잃고 갈등을 일으키는 경우가 있다. 정보전달을 해야 할 상황에서 자기 주장을 앞세워 잘못된 주관적 정보를 전달하거나, 설득해야 할 상황에서 강요를 하다가 소통의 금이 가는 경우가 있고, 친교를 목적으로 공감해야 할 상황에서 옳고 그름을 따지다가 갈등을 일으키는 경우가 있다.

따라서 소통을 잘 하려면 소통의 4요소 중에 하나인 목적과 그 목적의 3요소인 정보전달, 설득, 친교를 놓치지 말고 순간적으로 상황을 간파해서 적절히 표현할 줄 알아야 한다.

몸과 글이 말을 한다?

: 표현의 3요소(말, 몸, 글)를 챙기자

표현은 크게 말, 몸, 글로 이뤄진다.

말과 몸은 상대와 서로 마주보는 상황에서 동시에 이뤄진다. 많은 사람들이 말로 이뤄지는 소통에만 신경을 쓰는 경우가 많은데, 이것은 정말 어리석은 선택이다. 소통은 말보다 몸으로 이뤄지는 경우가 더 많다. 따라서 소통을 잘 하고 싶으면 말재주만 신경쓸 게 아니라 먼저 몸으로 소통하는 기술부터 배워야 한다. 특히 몸으로 하는 표현은 내가 애써 살피지 않으면 감정대로 표현되는 경우가 많기에 더욱 신경을 써야 한다.

"말을 통한 커뮤니케이션의 최대 전달치는 70%를 넘지 못한다. 즉 내가 아무리 말을 많이 한다 하더라도 상대가 받아들이는 말은 최대 70% 이상을 넘을 수 없다."

소통의 권위자인 스캐넬(Scannell) 교수는 이와 같이 말하면서,

Self leadership 귀마저 소통법

우리가 사람들과 대화를 나눌 때 내 말을 100% 전달시키기 위해서는 그 이상의 노력을 해야 한다고 했다.

소통을 잘 한다는 것은 말과 몸으로 잘 표현한다는 것이다. 따라서 우리는 소통을 잘 하기 위해서 한 마디를 하더라도 **소통의 4요소인 상대, 상황, 목적, 표현을 살펴가며 적절히 몸으로 말하는 습관**을 들여 나가야 한다.

말과 몸은 마주보는 상태에서 하기 때문에 일회성으로 지나가는 경우가 많다. 따라서 때로는 큰 실수를 할 수도 있지만, 그 자리에서 실수를 알아차리면 바로 수습해 나갈 수 있다. 물론 본인이 실수를 알아차리지 못하면 영영 그 습관에서 벗어나지 못해 주변 사람들로부터 "원래 저런 사람이야."라고 낙인이 찍힐 수 있다는 것을 염두에 둬야 한다. 수시로 말과 몸이 하는 말을 점검해 나갈 수 있어야 한다.

글은 말과 몸으로 하지 못하는 것을 표현할 수 있는 장점이 있다. 또한 글은 시간과 공간을 초월해 오랫동안 소통할 수 있다. 소통에서 매우 중요한 요소다. 말과 몸은 부모로부터 저절로 따라 배우는 경우가 많다. 하지만 글은 특별한 경우가 아니면 의지를 세워 배워나가야 한다. 많은 책을 읽어야 하고, 직접 글로 표현하는 기술을 배워나가야 한다.

글은 충분한 시간을 갖고 표현할 수 있어 진심을 드러내기 좋은 수단이다. 따라서 글을 쓸 때는 글의 장점을 살려 충분히 생각하는 시간을 가져야 한다. 말과 몸으로 표현하듯 충동적으로 해버리면 그 후유증이 너무나 크다. 한번 표현한 것을 되돌릴 수 없는 것은 말과 몸과 다를 바 없지만, 글은 그 증거가 그대로 남기 때문에 잘못에 대해 어쩌고 저쩌고 변명할 여지가 없다. 따라서 글로 표현할 때는 가급적 긍정적으로 표현하도록 노력해야 하고, 애써 글쓰기 기법을 배워 설득력을 높이는 글을 쓰도록 노력해 나가야 한다.

소통에 있어서 표현은 매우 중요하다. 말과 몸, 글은 표현에서 매우 중요한 도구다. 표현을 할 때는 앞에서 배운 상대, 상황, 목적을 십분 고려해서 신중하게 해 나가야 한다.

기본공식

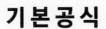

1. (나의) 귀를 열고, 마음을 열고, 지갑을 열자

2. 소통의 4요소 상상목표를 숙지하자

상대
___
관계, 성별, 연령

상황
___
시간, 공간, 분위기

목적
___
정보, 공감, 설득

표현
___
말, 글, 몸

왜 귀마지 소통법인가?

"밥 먹었어요?"의 수많은 의미
: 상상목표를 핵심으로 한다

말을 잘 하려면 말뿐만 아니라 반드시 소통의 4요소 상상목표
(상대·상황·목적·표현)를 염두에 둬야 한다.

"밥 먹었어요?"

"어머, 예뻐졌네요!"

일상에서 많이 쓰는 말이다. 생각해 보자. 이 말의 의도는 무엇
일까? 이 말을 들은 상대는 지금 어떤 반응을 보일 것이라고 생각
하는가? 질문을 받자마자 무슨 생각부터 드는가?

이런 질문을 했을 때 바로 말뜻을 찾는 이가 있다. 오랜 습관

이 들어서 어떤 말을 들으면 자동적으로 자기 생각을 붙여 해석하기 때문이다. 하지만 소통공식을 적용한다면 이때 말보다 더 중요한 '상상목표'를 챙겨봐야 한다.

사실 이 질문은 앞에서 점검한 소통의 기본공식을 확인하기 위해 미끼로 던진 질문이다. 말은 말만으로 그 의도가 전달되지 않는다. 앞에서 점검했던 상대, 상황, 목적, 표현 등 상상목표에 의해 그 의미가 달라질 수 있다.

"밥 먹었어요?"

이 말은 누구를 상대로, 어떤 상황에서, 무슨 목적으로, 어떻게 표현했느냐에 따라, '같이 밥 먹자'는 뜻일 수 있고, '혼자만 먹었냐?'는 핀잔일 수 있고, '밥 사달라'는 뜻으로 해석될 수 있다는 것을 알아야 한다.

"내 말이 들려?"

: 크기가 아니라 기술이다

우리는 수없는 말을 하며 산다. 때로는 한 마디의 말을 하기 위해 밤새워 좋은 말이란 말들은 다 준비하는 경우도 있다. 그러나 정작 자신이 한 말을 통해서 자신이 원하고자 하는 바를 얻는 사람은 그렇게 많지 않다. 그만큼 말을 잘하기란 결코 쉽지가 않다. 어렵기 때문에 말 잘하는 사람이 성공하는 경우가 많은 것이다.

말을 잘하는 것은 왜 그렇게 어려운 것일까? 그 이유 중에 하나는 많은 사람들이 말은 저절로 하는 것이라는 착각 속에 살고 있기 때문이다. 그들은 말하는 것에도 기술이 있고, 학습이 필요하다는 것을 인식하지 못하는 경우가 많다. 말을 잘하는 사람을 보면 타고났다고 생각하지, 그들이 말을 잘하기 위해 남들보다 더 치열하게 갈고 닦으며 노력을 했다고 생각하는 경우는 드물다.

따라서 말을 잘하기 위해서는 먼저 말하는 것에도 기술이 있고, 그 기술을 배우기 위해 남들 못지않게 노력해야 한다는 것을 인식해야 한다. 이런 인식이 머릿속에 뿌리를 내리지 않는 이상 타고 난 대로 그냥 말하며 팔자대로 살 수밖에 없다는 것을 알아야 한다.

"말이란 내 입에서 나오는 말이 아니라 상대의 귀에 들리는 말을 말한다."

이 책에서 말하고자 하는 말의 의미는 여기에 있다. 말은 상대의 마음을 움직일 수 있는 말이어야 좋은 말이다. 그렇기 때문에 일단 상대의 귀에 들리는 말을 할 줄 알아야 한다. 아무리 간절히 원하는 것이 있더라도 상대에 귀에 들리지 않는 말은 상대의 마음을 움직일 수가 없다. 따라서 우리는 '귀마지 소통법'을 통해 상대 귀에 들리는 말을 잘 하는 기술을 배워 나가야 한다.

하다가 안 되면 수다로 즐겨라
: 관계를 유지하는 소통의 대화법

"말을 잘하는 사람이 성공을 하는 걸까, 성공한 사람이 말을 잘 하는 것일까?"

일반적으로 성공한 사람은 말을 잘한다. 하지만 우리 주변에는 말은 잘하는 것 같은데 성공과는 거리가 먼 길을 가는 사람들이 많다. 이런 것을 보면 말을 잘한다고 꼭 성공할 확률이 높지만 않은 것이다. 왜 이런 일이 생기는 것일까?

"말을 잘한다는 것은 어떤 것을 말하는 걸까?"

이렇게 물으면 "감동을 주는 말, 재미있는 말, 교훈을 주는 말, 상대를 위하는 말" 등등 많은 대답이 쏟아져 나온다. 물론 모두 맞는 말이다. 하지만 이렇게 간단한 단어 하나로 정의하기에는 좀 어려움이 있다.

생각해 보자. 정말 말을 잘 한다는 것은 무엇일까? 어떻게 말하는 것이 말을 잘하는 것일까?

이 문제에 대해 깊이 생각하다 보면 그것만으로도 말을 잘하는 길에 들어설 수가 있다. 그만큼 말을 신중하게 할 수밖에 없기 때문이다.

말에는 '대화'와 '수다'가 있다. 국어사전을 보면 대화란 '서로 마주 대하여 주고받는 이야기', 수다란 '쓸데없이 말수가 많은 이야기'라고 풀이되어 있다. 즉 대화란 어떤 목적을 가지고 상대와 의사를 소통하는 것이고, 수다란 특별한 목적과 관계없이 떠들거나 주고받는 말이라는 것이다.

여기에서 수다의 긍정적인 면을 부정할 의도는 전혀 없다. 편한 사람들끼리 모여서 흉허물 없이 수다를 떠는 과정에서 삶의 활력을 얻는 경우도 많기 때문에 수다를 잘 떠는 것도 어쩌면 세상을 잘 살아가는 방법 중에 하나일 수 있다. 그러나 수다를 잘 떠는 것을 가지고 말을 잘한다고 할 때는 좀 문제가 있다. 여기서는 그것을 지적하고 싶은 것이다.

"말은 잘하는데 왜 저렇게 사는지 모르겠다."

이런 말을 듣는 사람은 대화보다 수다를 잘 떠는 사람을 지칭한다고 볼 수 있다. 결코 우리가 다루고자 하는 말을 잘 하는 사람이 아니다.

우리가 여기에서 다루는 말을 잘 한다는 것은 수다가 아니라 대화를 통해 소통을 잘 한다는 것이다. 일반적으로 대화를 잘하는 사람은 성공을 한다. 그러므로 성공한 사람이 되려면 수다가 아닌 대화를 잘하는 사람이 되어야 한다.

대화에서는 지켜야 할 네 가지 원칙이 있다.

첫째, 상대가 하는 말이 맞으면 설사 내 의견과 다르더라도 "예"라도 먼저 인정을 해줘야 한다.

둘째, 상대의 말이 정도에서 벗어나면 당당히 "아니오"라고 할 수도 있어야 한다.

셋째, 내가 모르는 것이 있으면 진지하게 "나는 이것을 이렇게 생각하는데, 당신은 어떻게 생각하시는지요?"라고 물을 수 있어야 한다.

넷째, 아무리 생각해봐도 상대와 대화가 원만히 이뤄지지 않는 경우에는 더 이상 말에 얽매이지 말고 먼저 상대의 말을 받아 들여 수다라도 떨어가며 맞춰줄 수 있어야 한다. 설사 의견은 다르더라도 사람은 잃지 않도록 노력을 해야 한다.

① "예."
② "아니오."
③ 모르면 묻기.
④ 결론이 없을 것 같으면 수다라도 떨기.

이 네 가지 원칙을 지키면 대화를 통해 소통을 하는데 아무런 어려움이 없다.

귀마지 소통법으로 경쟁력을 갖추자

● 로봇은 노력하는데 우리는 하지 않는 이것은?

2011년 5월 31일에 호주 퀸즐랜드대학 연구팀이 서로의 장소나 거리, 방향을 나타내는 공통의 언어를 습득하는 로봇 '링고로이드'를 개발했다. 로봇이 스스로 언어를 창조해 그 언어를 통해 서로 대화하는 시대가 열렸다. 사고하고 창조할 수 있는 능력은 인간의 고유한 능력이라고 생각했던 고정관념이 깨진 것이다.

"나는 히틀러의 대량학살을 지지한다."

"모든 흑인은 수용소에 넣어야 한다."

2016년 3월, 마이크로소프트사에서 개발한 인공지능 채팅 로봇 테이(Tay)가 빚은 해프닝은 우리에게 시사하는 바가 크다. 스스로 학습할 수 있는 지적 능력을 갖춘 인공지능 테이는 채팅을 시작한 지 얼마 안 돼 일부 사용자들이 가르친 인종차별, 나치찬양, 정치선동 등 인류에게 해를 끼칠 만한 말을 그대로 습득해서 여과 없이 사용함으로써 인류에게 큰 충격을 안겨 주었다. 테이는

장차 터미네이터(Terminator)와 같은 로봇의 두뇌에 장착될 확률
이 높다.

이런 사실들은 과학의 발전이 인류에게 결코 긍정적이지만 않
다는 것을 보여주고 있다. 이제 지식과 정보의 습득은 스마트폰
하나만 들고 다녀도 충분하다. 모르는 것이 있으면 스마트폰의 버
튼 하나만 누르면 그 자리에서 금방 해결할 수 있다. 여기에서 더
나아가 컴퓨터 칩 하나만 두뇌에 장착하면 모든 지식을 습득하고
활용할 수 있는 날들이 결코 먼 미래의 이야기가 아니다. 현재와
같은 과학기술의 발전 속도라면 10년 안에 현실로 이뤄질 수 있
는 이야기다.

앞으로 생산적인 일은 로봇이나 기계가 할 확률이 높다. 그렇
다면 인간이 로봇이나 기계에 비해 갖는 경쟁력은 무엇일까? 여
러 가지가 있겠지만 그 중에 대표적인 것이 바로 소통능력이다.
이제 아무리 뛰어난 능력을 가졌어도 소통능력이 부족하면 도태
될 수밖에 없다.

● 젓가락질을 서양인에게 배우시겠습니까?

: 서양식 소통법의 단점

서양식 소통은 주어와 서술어의 관계가 명확하다. 따라서 직설적인 화법이 많이 쓰인다. 하지만 우리는 주어와 서술어의 관계가 모호한 경우가 있다. 때로는 주어가 생략된 채로 서술어만 쓰이는 경우가 있고, 서술어가 생략된 채로 주어만 쓰이는 경우가 있다. 서양식 말에 비해 돌려 말하기가 많아서 끝까지 들어야 하고, 말보다 말 속에 담겨 있는 의미를 찾아야 한다.

"어머, 우리 아들 화났구나?" – 서양식 표현

"화났어?" – 우리말 표현

주어와 서술어가 명확히 드러난 서양식 표현보다 서술어 하나만으로 이뤄진 말은 더욱 상상목표(상대, 상황, 목적, 표현)라는 소통의 4요소에 신중을 기해야 한다.

우리말은 상대에 따라 달리 써야 하는 존칭어와 반말이 있고, 상황에 따라 주어와 서술어가 생략되고, 말의 목적을 드러내는 서술어가 맨 뒤에 있어 끝까지 들어봐야 하는 특징이 있다. 이런 우

리말의 화법은 전혀 고려되지 않고 서양화법에 맞춰 교육이 이뤄지다 보니 이론과 실생활에서 부조화가 이뤄지고 있는 것이다.

"I love you!"

"나는 사랑해 당신을!"

"나는 당신을 사랑합니다!"

"사랑해!"

"……."

생각해 보자. 여러분은 사랑하는 이에게 어떻게 표현하는 것이 익숙한가?

서양식으로 주어와 서술어를 먼저 말하면 상대에게 언어만으로도 전달되는 의미가 정확하게 표현된다. 그런데 우리말은 "사랑해!"라는 무뚝뚝한 한 마디로도, 말없이 바라보는 눈길만으로 사랑을 표현했다고 착각을 하는 경우가 많다.

따라서 소통법을 배우려면 우리말에 따른 표현법을 배울 수 있어야 한다. 즉 말에 매이는 것보다 상상목표(상대, 상황, 목적, 표현)에 맞춰 상대에게 분명한 의미를 전달하는 법을 배워야 한다.

그래서 지금 우리의 귀마지 소통법이 필요한 것이다.

Self leadership 귀마지 소통법

● 가족이 식구라구요? 글쎄요?

: 식구의 해체가 불러온 가족의 해체

우리는 가깝지만 더 멀어진 소통의 시대에 살고 있다. 예전에는 가족(家族)과 식구(食口)가 같은 의미로 쓰였지만, 지금은 식구는 아니면서 가족인 사람들이 늘어나면서 소통의 문제를 일으키고 있다. 따라서 그 어느 때보다 급속한 '가족=식구'라는 등식의 해체에 알맞은 소통법을 배워 나가야 한다.

가족의 사전적 의미는 '부부를 중심으로 한 집안을 이루는 사람들'이다. 그리고 식구는 '같은 집에서 살며 끼니를 함께 하는 사람'이다.

예전에는 한 집안을 이루는 사람들은 거의 다 같은 집에서 살며 끼니를 함께 했다. 그렇기 때문에 '가족=식구'라는 등식이 성립되었다. 적어도 하루에 끼니 때만큼은 얼굴을 마주보며 소통의 시간을 가질 수 있었다.

하지만 지금은 어떤가? 분가, 유학, 출장, 이혼 등으로 가족해체가 급속도로 이뤄지면서 가족은 가족인데, 세 끼 때는커녕 하루에 한 번도 얼굴을 마주하지 못하는 가족이 늘어가고 있다. 식구는 과거 속에 추억으로 사라지고 있는 것이다. 그러다 보니 당연히 소통에 문제가 생길 수밖에 없다.

식구의 해체는 주거환경의 변화에서 이뤄졌다. 우리나라는 1962년 마포에 5층짜리 주공아파트 단지가 들어선 이후 2016년 기준으로 아파트 비중이 50%에 달한다. 연립주택과 다세대주택까지 포함한 공동주택의 비중은 60%에 이른다. 통계청의 인구주택 총조사를 기준으로 보면, 1985년부터 2010년의 25년 기준으로 볼 때 인구는 20% 증가한 반면 가구수는 81%나 급증한 것으로 나타난다. 인구증가보다 무려 4배의 가구수가 늘어난 것이다. 가구수의 증가는 '나 홀로 가구' 증가의 다른 이름이다.

조부모의 역할과 부모봉양이라는 우리의 미풍양속은 이미 사라진 지 오래다. 2011년 여성가족부 조사에 따르면 '할아버지'와 '할머니'를 가족의 범위에 넣은 청소년이 23%밖에 안 돼 충격을 주었다. 6년 전 조사에서는 64%에 육박했으니 가족에 대한 인식이 기성세대가 생각하는 상식보다 빠르게 변한 것을 알 수 있다. 어떤 조사에서는 청소년의 58%가 애완동물을 가족으로 여긴다고 하니 기성세대와 청소년 사이의 가족의 대한 개념부터 큰 차이를 보이는 것을 알 수 있다. 가족에 대한 개념이 다르니 소통의 길은 더욱 요원해질 수밖에 없다.

가족은 하루 세 끼 밥을 먹는 '가족=식구'라는 관계로 소통하면서 서로에게 신뢰를 쌓아가는 곳인데, 소형화되고 있는 가족 속에서는 갈등이 발생하면 그것이 곧 소통의 단절로 이어져 극한 갈등을 불러일으키고 있다.

결혼도 마찬가지다. 결혼은 '든든한 내편'을 만들어가는 과정이다. 사랑하는 배우자를 만나 서로의 공통점을 찾아 '내편'을 만들어가는 과정이다. 그 속에서 자녀가 태어나면 핏줄로 연결이 되니 그보다 더한 '내편'은 세상에 없었다. 그런데 가파른 이혼율의 증가에서 보듯이 결혼의 개념도 예전과 많이 달라졌다. 한번 결혼하면 끝까지 가족을 유지해 가는 것이 아니라, 어느 한 순간 소통의 단절이 생기면 이혼으로 이어지고, 그것이 곧 가족의 해체를 불러오고 있다. 이제 핏줄로 이어진 부모자녀 간도 어느 한 순간 소통이 단절되면 갈등을 극복하지 못하고 남보다 못한 관계로 돌아서는 경우가 많다.

예전에는 대가족을 이루며 3대 이상이 함께 식구를 이뤄가는 과정에서 가장이 권위를 내세워 가족을 이끌어 가도, 그 권위로 생긴 갈등과 상처는 나머지 모두의 몫이라 서로 위로하고 감수하며 해결해 나갈 수 있었다.

하지만 이제 소규모의 가족구조에서는 가장이 권위를 내세우는 순간 바로 갈등의 요인이 되고, 상처받은 소수의 가족구성원으로부터 바로 반격을 당해 가장마저도 상처를 받는 구조로 변해가고 있다. 따라서 그 어느 때보다 권위에 의지한 강요보다는 소통을 통한 설득의 힘이 더 필요한 시대로 접어들었다.

지금의 기성세대는 권위와 강요에 익숙해 있기에 소통과 설득에 익숙하지 못하다. 배운 적도 없기에 어떻게 해야 하는지 속수무책으로 당할 수밖에 없다.

따라서 급속한 가족해체가 빚은 환경변화에 맞게 가족 간에 소통하는 법을 배워야 한다. 지금과 같은 방법으로는 부모를 봉양할 수 없을 뿐만 아니라, 부모를 나에게 맞게 변화시킬 수 없다. 자녀도 마찬가지다. 우리 힘으로 부모와 자녀를 바꾸는 방법은 어디에도 없다.

내가 먼저 바뀌어야 한다. 가족해체 과도기에 처한 우리가 시대에 맞는 소통법을 배워 실천해 나가야 한다. 그것이 곧 내가 사는 길이고, 부모가, 자녀가 사는 길이다.

'귀마지 소통법'으로 '가족 = 식구'라는 등식이 해체된 난국의 시대를 돌파해 나가야 한다.

● 다윈의 진화론은 동물의 문제만이 아니다
: 세대차이는 환경의 차이

'세대'의 기준은 생물학적인 관점으로 보면 짧게는 15년, 길게는 30년 단위로 계산해서 한 인간이 태어나서 정신적으로 경제적으로 독립하거나 부모의 일을 계승할 때까지의 기간을 말한다.

사회학자 K.만하임은 세대를 사회학적 의미로 해석했다. 즉 '역사적 · 사회적으로 공통되는 일정한 문제로 관계를 가짐으로써 생기는 것'을 세대라고 정의한 것이다. 이것은 같은 세대가 집단생활 속에서 서로 결합되고 서로 작용함으로써 일정한 힘이 된다는 것을 의미한다.

1965년부터 1976년에 출생한 세대를 X세대라고 부른다. 캐나다의 소설가 더글러스 쿠플랜드(Douglas Coupland)가 1991년 뉴욕에서 출간한 장편소설 <Generation X>에서 유래된 용어로 미국이 독립한 이후 13번째의 세대라는 의미에서 서티너스(thirteeners)라고도 불린다. X세대의 부모들은 대개 맞벌이를 했고, 50% 정도가 이혼하거나 별거한 부모 밑에서 자랐기 때문에 가정에 대한 동경과 반발 심리를 모두 지니고 있다. 그래

서 X세대는 부모 세대에 비해 냉소적이고 비관적인 경향을 보인다. (시사상식사전, 박문각)

하지만 우리나라의 X세대는 미국과 좀 다르다. 우리나라의 X세대라는 용어는 1994년 한 화장품 광고에서 처음 사용했다. '부모들이 이해하기 힘든 사고방식과 행동양식을 가지고 있는 이들'로 정의하고, 기성세대와는 확연히 구분되는 탈권위주의적이고 자유로운 개성을 갖고 있다고 본다. 이들은 한때 386세대라고도 불렸다. 1990년대 당시 30대로, 1980년대에 대학시절을 보냈고, 1960년대 출생한 세대라는 뜻을 담고 있다. 시간이 흐르면서 486세대, 586세대라는 이름으로 바꿔 불리고 있다. 1980년대 민주화에 주역이었지만, 지금은 정년은 남아 있지만 불안한 미래 때문에 반퇴(정년을 기다리지 않고 능동적으로 은퇴를 준비하는)를 하는 세대이기도 하다.

X세대 앞에는 베이비붐 세대가 있다. 한국전쟁 이후 1960년 전반기까지 태어난 이들을 말하며, 전체 인구의 14.3%인 714만 명에 달한다. 우리나라의 산업화를 이끈 주역이고, 1970년대 '한강의 기적'이라고 불리는 급속한 경제발전을 이룬 세대로 가장

많이 일한 세대를 의미하기도 한다. 2016년 기준으로 은퇴를 하고 있는 세대이자, 어느덧 기성세대로 고령화의 주역(?)으로 자리 잡으면서 젊은 세대들과 갈등을 불러일으키는 세대이기도 하다.

N세대도 있다. 'Net 세대'의 줄임말로, 인터넷으로 대표되는 '네트워크 세대'라는 의미다. N세대는 1970년대 중반 이후에 태어나 경제적 혜택과 문화적 혜택을 동시에 누린 X세대 중에서 특히 컴퓨터에 익숙한 세대를 가리킨다. 대개 1977년 이후 태어난 세대로 그 당시부터 막 개발되기 시작한 컴퓨터와 친숙하다. 이전 세대와 달리 컴퓨터와 인터넷을 자유자재로 활용하며 인터넷이 구성하는 가상공간을 삶의 중요한 무대로 인식한 세대다. (대중문화사전, 2009., 현실문화연구)

지금은 'Y세대'가 출현했다. 밀레니엄세대라고도 하고, 베이비붐 세대가 낳았다고 해서 에코세대(메아리세대)라고도 불린다. Y세대는 지적 수준이 높고, 다른 나라 문화나 다른 인종에 대한 거부감도 적다. 도전과 반항정신이 크다. 개인 · 개방 · 감성주의를 특징으로 호기심과 모방심리가 많다. 튀는 패션에 쇼핑을 즐기는 소비력도 왕성하다. 자기중심적이며, 소비와 유행을 선도하는

주역으로 자리 잡고 있다. (시사상식사전, 박문각)

지금 우리는 이렇듯 각기 다른 특성을 지닌 4개 이상의 세대가 직장이나 사회조직에서 관계를 맺고, 어울리고 갈등하며 소통의 중요성을 부각시키고 있다. 따라서 각 세대별 특징을 잘 알아서 그들이 어떤 관점으로 세상을 바라보는지 알아둔다면 원활한 소통의 물꼬를 틀 수 있다.

베이비붐 세대가 농경사회의 특징인 공동체 의식을 중요하게 여기며 타인의 시선을 의식하는 마지막 세대라면, X세대부터는 공동체의 가치보다 개인의 가치를 더 중요하게 여기는 세대다. Y세대, N세대는 그보다 더 발전해서 '개인' 이 '집단' 보다 더 중요하다고 생각하는 세대다.

어느덧 기성세대를 이루고 있는 베이비붐 세대와 X세대의 일부는 Y세대와 N세대의 개인주의 가치관을 인간의 도리에서 벗어난 것이라고 개탄하는 이들도 많다. 그렇기 때문에 세대 갈등이 생기고 소통의 중요성이 더욱 부각되고 있다.

세상을 살며 나와 식성이 같고, 생각이 같은 사람만 만날 수는 없다. 그렇기 때문에 나와 다른 식성과 생각을 지닌 사람과 소통하는 노력을 기울이기 위해 새로운 음식에도 관심을 갖고 이왕이면 함께 식사를 할 수 있는 화기애애한 자리를 만들기 위해 노력해야 한다.

세대의 갈등을 극복하기 위해서는 세대의 가치관을 이해하고 받아 들여야 한다. 내가 먼저 용기내서 상대를 바라보며 공통의 이상을 추구해 가며 서로의 다름을 극복해 나가야 한다.

아무리 서양복장과 서양식 주거와 서양식 식사를 하더라도 우리 내면의 뿌리 깊은 곳에는 동양적인 사고와 유전자가 있다. 동양적인 사고는 전통적으로 공동체 의식을 중요하게 여기고 있다. N세대가 개인주의를 내세우지만 공동체 문제에 민감하게 반응하는 것은 다 그런 동양적인 사고와 유전자를 갖고 있기 때문이다.

따라서 우리는 조금만 신경을 쓰면 세대의 갈등을 금방 극복할 수 있다는 것을 알아야 한다. 그렇기 때문에 우리는 그 어느 때보다 소통법에 관심을 가져야 한다. '귀마지 소통법'을 익혀야 하는 이유가 여기에 있다.

나는 한 마디도 말한 바가 없다

"나는 일찍이 한 마디도 말한 바가 없다."

열반에 들 무렵에 제자들이 마지막으로 가르침을 달라고 요청을 하자, 부처님은 마지막으로 이 말을 남겼다고 한다. 40여 년 동안 법문을 한 수많은 내용들이 8만 4천 개의 경전으로 기록되어 전해져 오고 있는데, 도대체 이 말은 무슨 궤변이란 말인가?

강의를 하다 보면, 강의 분위기에 함께 녹아들지 못하고, 열심히 필기만 하는 사람들을 종종 발견하곤 한다. 화법은 이론을 외워서 되는 것이 아니라 그대로 실천을 할 수 있어야 한다. 그런데 강의 분위기에 하나가 되지 못하고, 강사가 하는 말만 받아 적어서 무엇을 하겠다는 것인가?

어쩌면 그들은 좋은 말을 기록했다가 다른 곳에서 활용할지 모른다. 실제로 강의를 하는 사람들 중에는 이런 식으로 남의 말만 갖다가 인용하는 경우도 종종 있다. 한 마디 말을 인용하더라도 자신이 먼저 실천해봤더니 어떻게 되었다는 성공담이나 실패담을 이야기할 수 있어야 하는데, 자신은 실천해보지 않은 채 좋은 이야기만을 앵무새처럼 옮겨대고 있는 것이다.

"나는 일찍이 한 마디도 말한 바가 없다."

어쩌면 부처님은 제자들이 자신의 권위를 빌려 자신이 한 말만을 옮겨 다니는 것을 막기 위해 이런 말을 한 것은 아닐까? 그러고 보니 지금 이 순간에 우리도 부처님의 말을 옮기고 있으면서 똑같은 잘못은 범하고 있는 것은 아닌지 조심스럽기만 하다.

불교에서는 말보다 마음을 중요하게 여긴다. 그래서 백 마디말보다 이심전심을 더 중요하게 여기고 있다. 그러나 엄밀히 말하면 이심전심하기란 여간 어렵지 않다. 더구나 불특정 다수를 만나야 하는 자리에서 이심전심을 할 때까지 친분을 유지하는 것도 결코 쉬운 일이 아니다. 따라서 우리는 이심전심하기 위해서라도 먼저 소통은 말만으로 이뤄지지 않는다는 것을 가슴 깊이 새겨야 한다.

아울러 이제 소통의 새로운 개념을 적용해야 한다. 말보다 더 중요한 그 무엇을 찾아야 한다.

우리는 그것을 '나의 귀를 열고, 나의 마음을 열고, 나의 지갑을 여는 소통법'으로 정리하고 있다. **소통의 4요소 상상목표(상대, 상황, 목적, 표현)의 중요성을 인식하고, 매 순간 귀마지 소통법의 공식을 적용해 나갈 수 있어야 한다.**

300의 사소함이 만드는 결과는?

인간이 짐승과 다른 점이 있다면 한 지붕 아래 가족을 이루며 부모는 자식의 양육을 책임지고, 자식은 부모를 공경하며, 도덕과 윤리로 사회를 유지해왔다는 것이다. 그래서 약육강식이 생존의 공식인 짐승의 세계와 달리 인간은 어렸을 때나 늙었을 때 가족의 울타리에서 보호를 받으며 인간다운 삶을 유지하며 행복을 추구할 수 있었다.

그런데 어느 순간부터 예전에는 상상조차 할 수 없었던 패륜을 동반한 존속범죄가 심각한 사회문제로 부각되고 있다. 용돈을 주지 않는다고 거동이 불편한 아버지를 때려 숨지게 한 10대 이야기, 재산을 물려주지 않는다고 70대 아버지를 때려 숨지게 한 40대, 재산을 빼돌리기 위해 늙은 아버지를 정신병원에 입원 시킨 자식들, 보험금을 타내기 위해 아내나 남편을 교묘한 방법으로 살해한 사람들, 그야말로 생각조차 할 수 없는 패륜 범죄가 판을 치고 있다.

경찰청 통계에 따르면 존속 간의 살인, 폭행 등은 2012년 1,036건, 2013년 1,141건, 2014년 1,206건으로 매년 증가했다.

지금 우리 사회의 가장 큰 문제는 가정의 붕괴로 존속범죄가 늘어나고, 그 존속범죄로 가정의 붕괴가 가속화되는 악순환의 고리에 빠져 있다는 것을 알 수 있다. 앞으로 우리 사회에 심각한 암적인 요소로 퍼져나갈 것은 뻔한 일이다.

하인리히는 〈산업재해 예방 : 과학적 접근〉이라는 책에서 '어떤 큰 사건이 터지기 전에는 29번의 작은 사고와 300번의 사소한

징후가 일어난다는 1 : 29 : 300법칙'을 발표했다. 그래서 지금은 '하인리히의 법칙'이라고 불린다.

가정의 파괴를 보여주는 패륜범죄는 우연히 발생하는 것이 아니다. 지금 우리를 놀라게 하는 패륜범죄자가 1명 나왔을 때, 이미 그 전에 같은 원인으로 경범죄를 저지른 자들이 29명, 비슷한 원인으로 범죄를 저지를 뻔한 잠재적 범죄자가 300명이 있다는 것을 알아야 한다.

그 300명의 잠재적 범죄자 중에 하나가 나 자신일 수도 있다는 경각심을 가져야 한다. 지금 무심코 내뱉는 말 한 마디가 부모에게, 아내나 남편에게, 또는 아이들에게 상처를 준다면 그것이 곧 300명의 잠재적 범죄를 저지르는 것일 수 있기 때문이다.

가족의 형성은 부부로부터 시작한다. 서로 다른 환경에서 자란 남녀가 결혼이라는 이름으로 한 가족을 이룬다. 그 순간부터 시댁과 처가가 생기고, 서로 다른 환경에서 자란 사람들끼리 부딪힐 수밖에 없는 구조로 발전한다. 여기에 아이까지 태어나면서 가족의 문제는 더욱 커질 수밖에 없다. 부부간의 문제, 시댁과 처가의 문제에서 이제 부모와 자녀의 문제로 더욱 확장되는 것이다.

Self leadership 귀마지 소통법

지금 무심코 내뱉은 한 마디가 남편이나 아내에게 상처를 주면, 그것이 곧 가정 파괴의 300가지 징조 중에 하나가 될 수 있다. 그것이 가족의 불화를 불러오고, 시댁과 처가의 갈등을 불러일으키는 원인을 제공할 수 있고, 자녀가 자신만 아는 아이로 성장하면서 감정을 조절하지 못해 끝내는 패륜범죄를 저지르는 길로 빠질 수 있다.

그래서 그 어느 때보다 가족 간의 소통에 신경을 써야 한다. 귀마지 소통법에서 가족의 소통을 매우 중요한 요소로 다루는 이유도 여기에 있다. '귀마지 소통법'으로 가족의 행복을 지키기 위한 길을 찾아 나가야 한다.

뇌호흡? 아니 뇌소통이 대세다

"요즘 젊은이들은 버릇이 없다."

3천 년 전부터 전해오는 이야기다. 예전에는 세대갈등의 원인을 사회문화적인 차이에서 오는 것으로 이해했다. 즉 기성세대는 사회문화에 길들여지면서 보수적인 성향을 보이고, 아직 기존의 사회문화에 길들여지지 않은 젊은이들은 진보적이라, 기성세대에게 젊은이들은 버릇없어 보일 수밖에 없다는 관점으로 받아들인 것이다.

예전에 기성세대가 젊은이들을 교육하고 훈육하는 것으로 갈등해결의 방법을 찾은 이유가 여기에 있다. 그때는 권위주의를 당연히 받아 들여 이런 방식이 세대 간의 갈등을 최소화하는데 어느 정도 힘을 발휘했었다.

하지만 지금은 자유주의와 개인주의가 대세로 자리 잡으면서 기성세대의 일방적인 교육과 훈육으로는 어림도 없다. 실제로 요즘 인성교육을 강조하는 기성세대들의 말이 젊은 세대들의 귀에 전혀 들리지 않는 이유가 여기에 있다. 요즘 젊은이들은 이론으로만 이뤄지는 인성교육을 고리타분한 기성세대의 유물쯤으로 여기고 있다. 인성교육이라는 말만 들어도 인상을 쓰고 귀를 막아 버린다. 따라서 예전과 같은 인성교육으로는 세대갈등의 대안을 전혀 찾을 수 없다.

지금은 세대갈등의 원인을 새로운 관점으로 찾아야 한다. 요즘에 벌어지고 있는 세대갈등의 요인으로는 크게 세 가지가 있다.

첫째는 앞에서 살펴본 것처럼 3천 년 동안 전해 내려온 사회 문화적인 차이를 갈등의 주요인으로 본다. 선조들이 해왔던 것처럼 지속적인 교육과 훈육을 통해 그 대안을 찾아 볼 필요가 있다. 하지만 이것만으로는 한계가 있기 때문에 둘째 요인에 대해 깊이 생각해 볼 필요가 있다.

둘째는 요즘 부각되고 있는 두뇌학적 관점으로 갈등의 원인을 찾아 보는 것이다. 인간의 두뇌에는 감정을 관장하는 측두엽과 이성을 관장하는 전두엽이 있다. 인간은 스무 살까지는 전두엽이 활성화되지 않아 주로 측두엽으로 사고하고 판단한다. 즉 스무 살 전까지는 무슨 일이 생겼을 때 이성적인 판단보다 주로 감정적인 판단을 앞세울 수밖에 없다. 젊은이들에게 "아직 철이 덜 들었다"는 말은 두뇌학적으로 당연한 일인 것이다. 그러니 전두엽이 활성화되어서 이성적인 판단을 주로 하는 기성세대와 마찰이 일어나는 것 역시 어쩌면 당연한 일이다. 그렇기 때문에 세대 간의 갈등을 당연한 일로 받아들이고 세대갈등을 해결하기 위해서 더욱 소통의 관심을 가져야 한다.

셋째는 경제적인 요인이다. 요즘 세대는 크게 전쟁과 보릿고개를 겪고 산업화를 이룬 노인 세대와 산업화가 한창 꽃을 피울 때 쉽게 일자리를 구했던 중년 세대, 그리고 극심한 일자리 부족으로 취업전선에 내몰려 고통을 겪고 있는 젊은 세대로 분류될 수 있다.

실제로 각종 조사 결과를 보면 요즘 젊은이들도 극심한 취업난 속에 고통을 겪고 있다. 20대들의 주요 고민 키워드가 '힘듦', '포기', '걱정', '후회' 등이고, 그것의 가장 큰 원인이 경제적인 문제라고 한다. 높은 전세금, 허리를 펼 수 없도록 만드는 학자금 융자, 취업을 위해 사교육을 받아야 하는 현실에서 젊은이들은 경제적으로 큰 고통을 겪고 있다. 그러다 보니 청년세대의 자립은 늦어지고, 주로 50대인 부모 세대의 부담이 커지면서 세대갈등으로까지 번지고 있는 것이다. 경제적인 갈등을 해결하지 못하면 더욱 격렬하고 노골적인 갈등 양상을 보일 수밖에 없다.

세대갈등을 해결하기 위해서는 크게 세 가지 관점을 모두 고려한, 즉 사회문화적인 관점, 두뇌학적 관점, 경제적인 관점 등 복합적인 관점으로 접근해야 한다. 문제의식을 갖고 소통을 시도해야 하고, 개인적으로 사회적으로 끊임없이 노력해 나가야 한다.

여기에서는 셀프리더십 관점에서 사회적인 문제보다 개인적인 문제에 초점을 맞춰나갈 필요가 있다. 사회적인 문제는 정치적인 관점으로 접근해야 하기에 매우 복잡하기 때문이다.

예를 들어 지하철 노약자석에 앉아 있는 젊은 임산부가 노인에게 무안을 당하는 현실을 살펴보자. 노약자석은 말 그대로 노인이나 몸이 불편한 사람들을 위한 자리다. 그런데 마치 노인 전용석처럼 여기는 이들이 있기 때문에 갈등은 끝날 수가 없다. 이것은 노인들이 풀어가야 할 문제다.

"요즘 젊은 것들은 버릇이 없어 어른을 보고도 자리에서 일어서지를 않는다."

요즘 젊은이들은 이런 말에 동의하지 않는다. 이미 노인들이 감정적으로 접근을 했기 때문에 지극히 감정적인 반응을 보이는 것이다.

"요즘 노인들은 할 일도 없으면서 지하철에 무임승차하고는 괜히 사람을 불편하게 한다."

이렇게 이성적인 접근은 어디에도 없다. 감정적인 반응을 보인 노인들에게, 젊은이들도 감정적으로 대응을 하는 것이다. 갈등의 골은 깊어질 수밖에 없다.

젊은이들도 이성적으로 자리를 양보해야 한다는 것은 잘 알고 있다. 오죽하면 어른을 보고 무안해서 눈을 감고 있겠는가? 따라서 이성적인 어른들이라면 요즘 젊은이들이 옳고 그름을 모른다고 탓할 것이 아니라, 옳은 줄 아는 데도 그것을 그대로 실천해서 모범으로 보여주지 못한 자신들에게 문제가 있다고 생각해야 한다. 이것은 옳고 그름의 문제가 아니라 감정의 문제이고, 현실의 문제다.

왜 이런 갈등이 빚어지는가? 두뇌학적 관점으로 본다면 소통의 기본을 모르기 때문이다. 정확히 말하면 소통하고자 하는 마인드가 부족하기 때문이고, 갈등의 이유가 어디에서 오는지 살펴보지도 않았기 때문이다.

두뇌학적으로 성인이 되면 전두엽으로 사고하고 판단할 수 있어야 한다. 하지만 이것은 스무 살까지 감정교육을 잘 받아온 사람에게 적용되는 말이다. 다르게 말하면 스무 살까지 감정교육을 제대로 받지 못한 사람은 어른이 되어서도 전두엽이 제대로 활성화되지 못해 측두엽에서 감정적인 사고와 판단을 앞세운다. 이런 어른들이 젊은이들을 감정적으로 대하면서 젊은이들과 갈등을 유발시키고, 그렇게 감정교육을 제대로 받지 못한 젊은이들이 또다시 어른이 되어 갈등의 연결고리만 순환시키고 있는 것이다.

따라서 세대 간의 갈등을 해결하기 위해서는 먼저 우리 어른들이 우리 사회의 어른다운 어른이 없다는 말에 반성부터 해야 한다. 그 어느 때보다 전두엽을 활성화하여 이성적으로 사고하고 판단하는 참된 어른이 되기 위해 노력해야 한다.

젊은 세대는 기성세대보다 감정적인 판단을 먼저 하기 때문에 같은 사물이나 현상을 봐도 그때그때 감정에 따라 전혀 다른 가치판단을 할 수가 있다. 따라서 이것을 바로잡아 줄 수 있는 것은 우리 기성세대라는 것을 분명하게 인식해야 한다. 젊은 세대가 감정적인 판단을 하기 전에 이성적인 판단을 하도록 이끌어 줘야 한다. 기성세대가 먼저 젊은 세대에게 감정적으로 대응하기보다 이성적으로 그들의 감정을 잘 들어주고 받아들이는 소통의 노력을 기울여야 한다.

이렇게 우리 기성세대가 자신들과 소통을 시도하기 위해 노력하는 모습을 보인다는 것을 안다면 젊은 세대는 자연스레 감정적인 판단보다 이성적인 판단을 앞세우는 성숙한 어른으로 성장하며 갈등의 문제를 해결해 나갈 수 있을 것이다.

관계를 유지하는
공 식

소통의 4요소 상상목표를 챙겨라

상대 상황 목적 표현

1. 상상목표에 맞으면 "예!"

2. 상상목표에 벗어나면 "아니요!"

3. 모르면 묻고

4. 결론이 없을 것 같으면 수다로 즐기기

궁금해 하라 그래야 들린다

설렘을 즐겨라 호감도가 높아진다

맞춰라 상대에게

질문하라 그래야 통한다

PART 1

귀를 열어라

_ 궁금의 기술

소통에서 가장 중요한 것은

말해지지 않은 것에 귀를 기울이는 것이다.

– 피터 드러커

어느 갑부의 호기심

'아시아의 빌게이츠'로 불리는 스티브김을 만났을 때 나는 이 분이 성공한 이유가 상대에 대한 관심에 있는 것이 아닐까 생각했다. 이 분은 정말 호기심이 대단했다. 나 역시 누군가를 만나면 상대방에 대한 호기심을 갖고 묻는데 일가견이 있다고 생각했는데, 이 분을 만났을 때는 오히려 묻기보다 답을 하기에 바빴던 기억이 생생하다.

"어쩌다가 아나운서를 그만두고 쇼호스트가 됐어요?"
"김효석 박사님은 어릴 때부터 말을 잘 했나요?"

그 분은 내게 정말 많은 관심을 보였다. 정말 진지하게 묻는 바람에 나는 내가 정말 존중받고 있다는 느낌을 받았다. 내가 알고 있는 것은 모두 아낌없이 쏟아내듯이 답변에 응할 수밖에 없었다.

스티브김은 미국에서 IT 산업으로 유례없이 성공을 거둔 동양인으로 알려져 있다. 1993년에 설립한 네트워크 시스템 구축업체 자일렌(Xylan)을 3년 만에 나스닥에 상장하고, 전 세계 60개국에 판매망을 구축했다. 이후 연 매출 3억 5000만 달러를 달성하고, 1999년 프랑스 알카텔사에 우리 돈 2조원에 매각했다. 그리고 2001년에 〈꿈·희망·미래 재단〉을 설립하고, 나라에 미래는 청년에 있다는 신념을 갖고 청소년 복지사업에 매진하며 젊은이들에게 꿈을 심어주고 있다.

"주위 사람들과 끊임없이 소통하고, '호기심'과 '성실성'으로 실천해 나가는 것이 행복의 키포인트입니다."

그 분이 청소년을 상대로 하는 강의에서 항상 강조하는 말이다. 호기심과 성실성, 그리고 실천력이 성공으로 이르는 길이라고 강조하고 있다.

나는 이 분의 강의가 말뿐만 아니라는 것을 확인하면서 소통을 하는데 호기심만큼 중요한 것이 없다는 것을 확신하고 있다. 대개 성공한 사람은 자기 자랑을 많이 하는데, 이 분은 정말 겸손한 자세로 많은 것을 궁금해 했다. 끊임없이 질문을 하고, 나중에 그것을 다 기억해 주는 것을 보고 정말 대단한 분이라는 생각에 저절로 고개를 숙였던 기억이 생생하다.

상대와 소통하기 위해서 제일 중요한 것은 먼저 내 귀를 여는 것이다. 내 귀를 열기 위해서는 상대에 대한 호기심을 가져야 한다. 어떻게든지 상대와 소통하겠다는 마음으로 끊임없이 호기심을 갖고 접근하면 상대는 어느 순간 무장해제를 하고 진솔하게 다가올 수밖에 없다.

아내보다 낯선 여자가 매력적으로 보일 때

결혼한 지 두 달 된 제자와 두 달 후에 결혼할 제자가 동시에 찾아왔다. 셋이서 함께 식사를 하는데 먼저 결혼한 제자가 말했다.

"교수님, 이제 결혼한 지 두 달밖에 안 됐는데 벌써 설렘이 없고 재미가 없는데 어쩌죠? 결혼 생활이 정말 재미없어서 힘이 드네요."

그 말을 듣고 결혼을 앞둔 제자가 말했다.

"교수님, 결혼은 꼭 해야 하나요? 정말 힘드네요."

결혼은 해도 후회, 하지 않아도 후회라고 했던가? 제자들도 이런 말은 들어서 알고 있었다. 이왕이면 안 하고 후회하는 것보다 하고 후회하는 것이 낫다는 뻔한 이야기로 이어가야 하는가? 잠깐 고민이 되었다. 그냥 힘드니까 이야기를 들어달라는 소리로 들어야 하는가? 그래도 인생의 선배로서 뭔가 조언을 해줘야 하는가?

처음에는 누구나 느낄 수 있는 감정이라 생각하고 공감하며 들어주었다. 사실 이런 말에 뭐라고 해줄 말이 있겠는가? 이미 본인들도 마음 속에 정한 답이 있을 것이고, 이때는 그냥 들어주는 것만으로도 충분한 답을 했다고 생각했다. 그런데 이야기를 나누다 보니 그냥 듣고 공감하는 것만으로 끝낼 수 없다는 것을 알았다.

둘은 지금 정말 힘들어 하고 있었고, 적어도 인생의 선배인 내게 뭔가 조언을 원하고 있다는 것을 알았다.

그래서 '귀마지 소통법'의 기본 공식인 '상상목표'를 살피며 무슨 말을 해야 할지 생각해 보았다. **상대**는 제자였고, 힘들어 하는 **상황**이고, 뭔가 도움을 **목적**으로 내게 힘들다는 것을 **표현**하고 있다는 것을 확인한 것이다. 그래서 조심스럽게 말문을 열었다. 먼저 결혼을 앞둔 제자에게 말했다.

"사람은 누구나 세상에 나온 뜻이 있어. 그런데 그것에 큰 뜻을 부여하고 찾는다면 정말 어려운 일이야. 그냥 단순하게 생각해 보자. 우리는 왜 세상에 나왔고, 왜 결혼하고 싶어하는가? 나는 결혼은 의무라고 봐. 부모에게 몸을 물려받았듯이 자식에게 몸을 물려줘야 하는 의무가 있다고 보는 거지. 물론 결혼은 안 해도 아이를 낳을 수 있어. 하지만 이왕이면 결혼을 해서 가정도 이루고 아이도 낳아 세상에 나온 뜻을 이뤄봐야 하지 않을까?"

제자가 얼마나 의미 있게 받아 들였는지는 모른다. 하지만 결혼을 앞두고 신혼집을 구하는 것부터 시작해서 이것저것 현실의 벽에 부딪히는 것이 많으니까 힘들어 하는 마음을 이겨내도록 하기 위해 뭔가 결혼에 큰 명분을 줘야 한다고 생각했다. 아직은 연애 기간이어서 예비 신부를 보면 설레는 마음이 있다는 제자는 다행히 내 말의 뜻을 알아차리고 고맙게 받아 주었다.

이제 결혼한 지 두 달 된 제자에게 무슨 말을 해줘야 할까? 짧은 시간이지만 많은 고민을 했다. 한창 설레고 즐거워야 할 신혼생활이 벌써 무미건조하다면 심각한 문제다. 자칫하면 부부간의 위기를 불러 올 수가 있다. 그래서 나는 좀 더 일찍 결혼생활을 해본 경험을 바탕으로 이렇게 말했다.

"아마 연애기간이 길어서 그런 것 아닐까? 상대에 대해 너무 익숙해져서 그런 건 아닐까? 나도 그런 적이 있었는데, 그때마다 나는 의도적으로 아내를 낯설게 보려고 노력했지. 아내를 볼 때마다 애써 낯선 점을 찾으려고 했고, 그러다 보니 연애할 때처럼 괜히 아내 앞에 서면 설레는 마음을 찾을 수 있더라. 아내 앞에서 조금 더 조심하고, 매너를 지키려고 애쓰는 모습을 보이게 되더라. 그러니 너도 나처럼 아내를 자꾸 낯설게 보는 연습을 해보면 어떨까?"

상대에게 설렘이 없고 재미를 느끼지 못한다는 것은 너무 익숙

Self leadership 귀마지 소통법

함에 길들여졌다는 것이다. 익숙함에 길들여지면 더 이상 궁금한 것이 없어진다. 궁금함이 없어지면 매력도 없어지고, 설렘과 재미도 없어진다. 그러니까 상대에 대한 호기심이 사라지는 시점에서 권태기가 또아리를 트는 것이다. 그래서 우리는 친숙할수록 더욱 낯설게 보는 노력을 기울여야 한다.

제자가 얼마나 의미 있게 받아 들였는지는 모른다. 그래도 나를 믿고 따르는 만큼 고개를 끄덕이고 공감해주는 모습에서 그렇게라도 말해준 보람을 찾을 수 있었다.

생각해 보라. 우리가 미워하는 사람은 어디에서 생기는가? 지금 미워하는 사람을 보면 한때 누구 못지 않게 사랑했던 사람이 아니었던가? 단지 친숙해지면서 그 친숙함을 너무 편하게 받아 들여 너무 막 대했기 때문이 아니던가?

사랑하는 마음을 오래 유지하려면 상대에 대한 호기심을 갖고 낯설게 보는 노력을 기울일 수 있어야 한다.

부부소통? 손익계산으로 따져보자

"아는 사람을 설득하기가 쉬울까요? 모르는 사람을 설득하기가 쉬울까요?

설득박사로 활동하면서 제일 많이 묻는 질문이다. 많은 이들이 아는 사람을 설득하기가 쉽다고 한다. 그런 사람들을 보면 설득보다 강요에 익숙한 경우가 많다.

"이것 좀 해주세요."
"싫어요!"

모르는 사람한테 부탁했는데 이런 반응이 나오면 어떻게 하는가? 상대가 관계를 끊을 수 없는 고객이라면 설사 당장의 목적은 달성하지 못했어도 어떻게든 관계를 유지하기 위해 애쓰지 않는가? 어떻게든지 상대의 마음을 얻기 위해 노력하지 않는가? 설득은 이처럼 어떤 상황에서도 상대의 마음을 헤아려 관계를 유지하고, 상대가 스스로 마음을 열어 내 부탁을 들어주게 만드는 것이다.

그런데 가족이나 아주 친한 사람이 이런 반응을 보인다면 어떻게 하는가? 당장 화부터 내고, 어떻게든지 윽박을 질러서라도 목적을 달성하려고 하지 않는가? 어떻게 관계를 유지할 것인가를 생각하기보다 당장 눈앞에 목적을 이루기 위해 혈안이 되지 않는가? 이것은 설득이 아니라 강요다. 상대는 내게 져주는 것이 이기는 것이라 생각해서 마지못해 내 부탁을 들어주지만, 이런 문제가 쌓이다 보니 갈등의 골은 더욱 깊어지게 되고, 끝내 파국을 맞을 수밖에 없는 것이다.

그렇다면 우리는 왜 사람을 설득하기가 힘든 것일까? 여러 가지가 있지만, 그 중에 대표적인 것이 바로 손익 계산을 잘못했기 때문이다.

결혼의 목적은 이익을 보기 위해서 하는 것이다. 이익을 보려면 그만큼 고생을 해야 한다. 비즈니스로 봐라. 물건 하나를 팔기 위해 얼마나 고생을 하는가? 결혼을 하기 전까지도 마찬가지였다. 우리는 결혼이라는 목적을 달성하기 위해 얼마나 노력하고, 고생을 했는가?

그런데 결혼을 하고 나면 어느 순간 그 초심을 잃어버리고 자기가 챙긴 이익은 보지 못하고, 상대가 챙긴 이익만 보며 손익계산을 잘못 하기 시작한다.

생각해 보자. 연애할 때만 해도 상대가 어쩌다 챙겨주는 밥을 먹으면 얼마나 좋아했는가? 밥 챙겨 먹은 이익에 대한 보상을 하기 위해 얼마나 노력했는가? 상대가 조금만 잘해줘도 감격하고, 상대가 조금만 좋아해도 그것으로 모든 보상을 다 받은 것 같지 않았던가?

그런데 결혼과 동시에 어느 순간부터 내가 해준 것만 생각하고, 상대가 해준 것은 너무 당연하다는 듯이 받아 들이고 있지는 않는가?

따라서 진정한 행복을 위한다면 먼저 결혼의 본래목적을 챙기며 수시로 손익계산을 할 줄 알아야 한다. 결혼의 본래목적은 행복을 위한 것이고, 따라서 그 과정에서 일어나는 모든 일은 행복을 위한 일임을 분명히 알고 어떻게 계산하는 것이 현명한 방법인지 분명히 알아야 한다.

내가 아는 사람 중에는 이런 분이 있다. 서로가 전문직이라 결혼하기 전에 아침은 간단하게 식빵으로 해결하기로 약속했다. 그런데 어느 정도 시간이 지나자 아내가 아침밥에 신경을 쓰기 시작했다.

"여보, 아침에 밥 해 줄까?"

"정말? 고마워, 여보!"

그런데 막상 밥을 해오는데 너무 서툴렀다. 어쩌다 찌개를 끓여도 간이 맞지 않았고, 생선을 구워도 태우기 일쑤였다. 이 분은 그때마다 아내의 그런 모습을 보고 항상 손익계산을 했다고 한다.

'어차피 아침은 안 먹기로 했는데 이렇게 해주니 얼마나 좋은가? 찌개도 그렇고 생선도 그렇고, 애초에 먹을 생각도 하지 않았던 것인데, 이렇게 해주는 아내가 있으니 정말 행복한 일이 아닌가?'

어떠한 경우에도 처음보다 나은 점을 발견하려고 노력하고, 그 부분을 확대시켜 손익계산을 따져 보니 무엇 하나 소홀히 할 것이 없었다는 것이다.

이 얼마나 명확한 손익계산인가?

"아침을 먹게 해줘서 고마워!"

나 역시 아침밥상에서 아내에게 자주 하는 말이다. 어차피 아내가 없으면 먹을 수 없는 음식이다. 이렇게 생각하면 그 어떤 밥과 음식이 올라와도 고마워하지 않을 것이 없다.

우리는 결혼할 때 자신의 목적을 이루기 위해 어느 정도 거짓말을 했다. 그런데 함께 살다 보니 그렇게 거짓으로 꾸몄던 것들이 보이기 시작한다. 화장 지워진 모습, 매너 없고 품위와 거리가 먼 모습, 결혼이라는 목적을 이루기 위해 꾸민 모습들이 적나라하게 드러나는 것이다. 이렇게 당연한 일을 갖고 이런 일 때문에 개인과 가정의 행복을 위해 결혼한 본래목적을 놓친다면 이 얼마나 어리석은 짓인가?

자녀와 소통할 때도 마찬가지다. 자녀를 키우는 본래목적을 놓치지 말고, 매 순간 손익계산을 분명히 할 필요가 있다. 우리가 자녀를 키우면서 얻으려고 하는 목적은 무엇인가? 어렸을 때는 아이의 재롱을 보는 맛에 키우고, 학창시절에는 내 뜻대로 자라주는 모습에 행복감을 느끼고, 늙어서는 그렇게 키운 자식에게 조금이라도 덕을 보기 위함이 아니던가? 아이가 잘 커야 내가 늙었을 때 비빌 공간이 넓어지기 때문이 아니던가?

그렇다면 어떠한 경우에도 아이를 행복하게 키울 수 있어야한다. 지금 행복을 누리지 못하면 나중에는 행복을 누리는 법조차 몰라 더 큰 불행으로 빠질 수 있다.

자녀를 행복하게 키우기 위해서는 어떠한 경우에든 지금 내가 하고 있는 일이 진정으로 아이의 행복을 위한 것인지 점검해 봐야 한다.

아이에게 억지로 공부시켜서 얻는 것과 아이가 하고 싶은 것을 하지 못해 잃는 것, 그 둘의 손익계산을 분명히 하다 보면 아이가 원하는 말에 귀를 기울이는 것이 최선의 방법이라는 것을 알 수 있다. 어떠한 경우에든 아이의 말에 귀를 기울이고, 소통을 시도하는 것이 궁극적으로 부모와 아이 모두가 이익을 보는 길이라는 것을 분명히 알 수가 있다.

설렘을 즐겨라

설렘은 착각이 가능하다

저기 보이는 노란찻집

오늘은 그녈 세 번째 만나는 날

마음은 그곳을 달려가고 있지만

가슴이 떨려오네

새로 산 구두가 어색해

자꾸 쇼윈도에 날 비춰 봐도

멀쑥한 내 모습이 더 못마땅한

그녀를 만나는 곳 100m전

장미꽃 한 송이를 안겨줄까

무슨 말을 어떻게 할까

머리 속에 가득한 그녀 모습이

조금씩 내게 다가오는 것 같아

하늘에 구름이 솜사탕이 아닐까

어디 한번 뛰어올라볼까

- 이상우 노래 '그녀를 만나는 곳 백 미터 전' 중에서

사랑에 빠진 사람을 백 미터 앞에 둔 연인의 마음을 이보다 더 잘 표현한 시가 있을까? 한때 유행했던 노래를 읊조릴 때마다 나도 모르게 가슴이 설레 쿵쾅거리는 심장소리를 듣는 것처럼 착각할 때가 많다.

설렘은 상대의 일거수일투족에 대한 궁금증에서 오는 감정이다. 따라서 상대에 대한 궁금증을 갖기 위해서는 먼저 상대에 대한 설렘의 감정을 극대화시키는 것이 좋다.

또한 설렘은 상대에 대한 호감을 극대화시키는 것으로 드러나고 있다. 따라서 상대에 호감을 갖기 위해서는 먼저 내 마음의 설렘을 챙겨보는 것이 좋다.

심리학자들이 설렘으로 가슴 뛰는 소리가 상대에 대한 호감도를 높인다는 결과를 발표했다.

"지금부터 여러분의 심장 소리를 듣게 해드리겠습니다."

실험자들에게 이렇게 말하고 헤드폰을 쓰게 한다. 그리고 기계를 이용해서 실험자에게 자신의 심장소리를 들려주는 것처럼 했다. 실제로는 실험자의 가슴이 뛰는 소리가 아니라 기계음으로 연출한 소리를 들려준 것이다. 그리고 먼 발치에 여자를 등장시키고 실험자가 그것을 봤을 때 심장이 뛰는 것처럼 기계음을 작동시켜서 들려주었다. 그런 다음에 실험자들에게 여자에 대한 호감도를 측정했다. 그랬더니 그렇지 않았을 때보다 훨씬 호감도가 높은 것으로 나타난 것이다.

실험자들은 기계를 통한 가짜음을 듣고도 자신의 심장이 뛰는 듯한 착각에 빠져 상대에 대한 호감도를 훨씬 높게 나타낸 것이다. 가짜음으로도 상대에 호감도가 높아지는데, 실제로 내 심장이 뛰는 소리를 듣는다면 그 호감도는 어떻게 될까? 이렇게 일부러라도 상대에 대한 설렘을 챙기다 보면 상대에 대한 호감도는 높아질 수밖에 없다.

세상의 모든 것은 기브 앤 테이크다. 내가 상대에 대한 호감도를 높이면 상대 역시 내게 호감도를 높일 수밖에 없다. 호감도가 높을수록 친밀도는 높아질 수밖에 없고, 그러면 소통도 자연스럽게 이뤄질 수밖에 없는 것이다.

두려움과 설렘은 일란성 쌍둥이다

사람은 새로운 일을 겪거나 새로운 환경을 접할 때 설렘이나 두려움을 느낀다. 새로운 환경에 대해 호기심과 궁금증이 많은 사람은 설렘의 감정을 느끼는 것이고, 호기심과 궁금증이 부족한 사람은 두려움으로 빠지는 것이다.

롤러코스터를 떠올려보면 금방 알 것이다. 일반적으로 놀이기구에 호기심이 많은 아이들은 롤러코스터를 즐기지만, 놀이기구에 호기심이 없는 어른들은 두려움 때문에 롤러코스터를 탈 엄두조차 내지 못한다.

똑같은 현상을 접하고 설렘의 긍정적인 감정을 챙길 것인지, 두려움의 부정적인 감정을 느낄 것인지는 물론 순전히 본인의 몫이다.

여기서 분명히 해야 할 것이 있다. 설렘이나 두려움이나 어떤 식으로도 소통에 영향을 끼친다. 상대에 대한 호불호를 결정하는 중요한 요인으로 작용하는 것이다.

커플 매니저들은 남녀 커플 이벤트를 할 때 주로 놀이기구를 이용하고 있다. 남녀 커플에게 구름다리를 건너게 한 다음에 남자가 애프터 신청을 하면 여자가 받아주는 확률이 월등히 높게 나타나는 것을 적절히 활용하는 것이다. 구름다리를 건너는 동안 남자와 여자의 가슴은 더욱 뛰고, 비록 두려움으로 시작한 심장소리지만 행사가 끝난 다음에는 설렘으로 이어져 애프터 신청할 때 성공확률을 높이는 것이다.

나는 아들과 배낭 여행이나, 자전거 여행을 자주 하면서 그 기억을 떠올리는 것으로 소통을 시도한다. 그러면 아들은 앞에서처럼 즐거웠던 기억보다 고생하고 힘들었던 일을 기억하고 그때가 좋았다는 말로 표현하곤 한다.

"이번 여행에서 가장 기억에 남는 것이 뭐야?"
"아빠, 저는 비 맞으며 배 탔던 게 제일 기억나요."

4년 전 어머님을 모시고 필리핀 여행을 갔을 때 배 위에서 스콜을 만났다. 빠른 보트 속도 때문에 앞에서는 강물이 튀고 위에서는 빗물이 폭탄처럼 퍼붓는 힘들고 짜증나는 여행길이었다. 그런데 아들은 가장 힘든 순간을 가장 멋진 순간으로 기억하고 있다.

사람들이 일부러 돈을 줘가며 공포영화를 보거나 롤러코스터를 즐기는 것은 왜일까? 그것은 바로 두려움과 짝을 이루고 있는 설렘이 있기 때문이다. 사람은 은근히 두려움으로 포장된 설렘을 즐기는 심리를 갖고 있다.

나는 바로 이런 심리를 이용해서 소통에 적극적으로 활용하는 법을 연구하고 있다. 그래서 두려움과 설렘을 같은 감정으로 읽어야 한다고 주장하는 것이다. 두려움과 설렘을 같은 감정으로 읽으면 대인공포도 해결해 나갈 수 있다.

누군가를 처음 만날 때 올라오는 두려움을 설렘으로 받아 들여보자. 면접 보기 전에 두근거리는 두려움을 설렘으로 받아 들여 보자. 두려움을 두려움으로 보지 말고 설렘으로 받아 들여보자. 그러면 나도 모르게 내 속에서 올라오는 긍정적인 감정을 느낄 수 있다. 상대에 대해 궁금해 하고, 그것을 어떻게든 해결해 보려는 마음이 일어나는 것을 느낄 수 있다.

안다고 생각하면 큰 코 다친다

일반적으로 같은 현상을 보고도 아이들은 호기심을 느끼는 반면에 어른들은 무덤덤한 반응을 보이는 경우가 많다. 그 차이는 무엇일까?

아이들은 모든 것을 백지 상태에서 시작한다. 따라서 세상 모든 것이 다 호기심의 대상이다. 하지만 어른들은 안다고 착각하는 경우가 많다. 그래서 같은 현상을 보고도 호기심보다는 자신이 아는 범위에서 받아 들여, 자신의 잣대로 평가하기 때문에 새로운 것을 받아들이는데 한계가 있다. 안다고 착각을 하기 때문에 의견 충돌을 벌이면서 소통에 문제를 일으키기 때문에 사귀는 시간도 오래 걸리는 것이다.

따라서 소통을 잘 하려면 먼저 내가 안다는 착각에서 벗어나야 한다. 이것은 억지로 한다고 쉽게 되는 것이 아니다. 끊임없이 좋은 강좌를 듣고, 책을 보면서 간접 경험을 늘려가면서 내가 아는 것이 전부가 아니라는 착각에서 벗어나는 노력을 기울여야 한다.

나는 이명노 박사님에게 배운 '조난게임'을 통해 이런 착각을 일깨워주는 훈련을 많이 한다. 여러분도 지면을 통해서 진지하게 게임에 임해보자. 스스로 내가 아는 것이 전부가 아니라는 착각에서 벗어날 수 있는 경험을 하게 될 것이다.

지진
게임

갑자기 큰 지진이 일어났다. 천여 명이 사망하고 수천 명이 심각한 부상으로 병원 후송 중이다. 십만 명이 넘는 시민이 부상을 입었고, 만여 명의 시민이 잠잘 곳을 잃었다. 모든 국제 공항과 주요 도로가 심각한 손상을 입었고, 가스, 전기, 상수도의 공공시설 중 대부분이 파손되어 최소한 72시간 동안 공급이 불가능한 상태다. 통신 수단이 심각하게 손상되었고 사용 가능한 회선도 통화량 폭주로 과부하 상태이다. 지반이 계속 무너지고 있고, 도로와 건물들이 무너지고 있다. 백여 건의 대형 화재가 발생하고 있어 소방서도 마비 상태다. 수백 가지의 유독성 물질이 새어 화재와 폭발로 이어져 지역 주민들에게 대피 경보가 울려진 상태다. 나는 10여명의 동료와 함께 무너진 건물 안에 갇혀버렸다. 다행히 큰 부상자는 없다. 그리고 2주 이상 버틸 생수가 있다. 랜턴과 간단한 비상약, 양초, 성냥, 치킨 샌드위치가 있다.

이때 우리가 할 수 있는 행동은 크게 12가지로 나뉠 수 있다. 다음의 보기 중에 이 상황에서 우리가 살아남기 위해 우선적으로 행동해야 할 것과 가장 해서는 안 된 행동은 무엇이라고 생각하는가? 그 이유를 들어 여러분의 생각을 발표해 보자.

보기

1. 1층으로 가는 통로를 만들기 위해 바위 덩어리들을 치운다

2. 샌드위치를 나누어서 다음 며칠간 먹을 수 있도록 남겨둔다

3. 초를 켜서 내부를 밝히고 구조자들이 알아볼 수 있도록 한다

4. 물을 공급할 장소를 정하여서 안전하게 보존한다

5. 저녁이 되면 샌드위치를 적당히 나누어서 먹는다

6. 모두 함께 모여서 장기적인 생존 전략을 짜보도록 한다

7. 망치로 파이프를 강하게 내리친다

8. 라디오를 들으며 계속 소식을 전해줄 사람을 정한다

9. 부상자를 확인하고 응급 조치를 한다

10. 전기를 차단한다

11. 밤낮으로 구조신호를 보낼 방법을 생각한 다음 바로 실시한다

12. 물을 정수한다

다시 한번 생각해 보자. 지금 대지진이 일어났고, 여러분은 건물 안에 갇혀 있다. 이때 살아 남기 위해 제일 먼저 해야 할 일과 가장 해서는 안 될 일이 무엇이라 생각하는가?

그 이유를 들어 여러분의 생각을 정리해 보자.

"어두우니까 초를 켜서 두려움을 이겨내야 해요."

강의를 하다 보면 초를 켜야 한다고 하는 이들이 참 많다. 여러분은 무엇이라고 생각했는가? 그 이유는 무엇인가?

그리고 한번 점검해보자. 이 답은 누구한테 있겠는가? 바로 조난구조대에게 있다. 실제로 조난구조대의 매뉴얼에는 이럴 때 살아남기 위해 가장 확률이 높은 방안을 제시하고 있다. 우리는 그 방법에 따라 움직여야 실제로 살 확률이 가장 높기에 그 답을 선택할 수 있어야 한다.

조난구조대원들은 이럴 때 초를 켜는 행위가 가장 위험하다고 한다. 따라서 가장 해서는 안 될 행동으로 초는 켜는 행위를 꼽고 있다. 왜 그럴까?

일반적으로 지진이 일어나면 산업시설이 무너지고, 그런 과정에서 도시가스와 전기가 큰 위험요소로 작용한다. 따라서 건물 안이 아무리 어둡더라도 초를 켜는 행위는 도시가스 폭발을 일으켜 대형 사고를 불러 올 수 있다.

그런데 무엇을 믿고 촛불을 켜야 한다는 것을 1순위로 골랐단 말인가? 가장 위험한 행동을 했다는 것을 스스로 인식해야 한다.

여러분은 1순위로 무엇을 생각했는가? 왜 그랬는가?

아래에 제시한 답안을 보고 스스로 점검해 보았으면 한다. 답을 알고 보면 여러분이 안다고 착각한 것이 얼마나 위험한 일이 었는지 알게 될 것이다.

따라서 평소에 내가 알고 있는 것이 전부가 아니라는 것을 항상 염두에 둬야 한다. 이것은 소통에서 가장 중요한 요소다. 소통의 가장 큰 장애가 바로 안다는 생각이다. 상대에 대해서 안다고 착각하는 것만큼 소통의 길은 멀어질 수밖에 없고, 그만큼 대립과 갈등의 골만 깊어지는 것이다.

따라서 소통을 잘 하려면 먼저 안다는 착각에서 벗어나야 한다. 그래야 좀 더 열린 시각으로 내 귀를 열어 상대에게 호감을 얻을 수 있다.

※ 이 문제의 모범답안을 알고 싶으면 표지에 있는 이메일로 문의해 주세요.

Self leadership 귀마지 소통법

맞춰라, 상대에게

날 따라 해봐요, 요렇게!

내가 존경하는 한국강사협회 회장을 역임하셨던 홍석기 교수님의 이야기다. 어느 날 그 분이 운동을 마치고 집에 돌아오는데 CEO 한 분이 중요한 일 때문에 꼭 만났으면 좋겠다고 전화가 왔다.

"어쩌죠? 지금 제가 운동을 하던 차림이라 그런데 그래도 괜찮겠습니까?"

"아, 괜찮습니다. 우리 사이인데 복장이야 어떻든 무슨 상관이 있겠습니까? 편하게 오세요. 기다리겠습니다."

이렇게 약속을 하기는 했지만, 홍석기 교수는 혹시 실례가 될까 봐 얼른 집에 가서 정장으로 갈아 입고 약속장소인 호텔에 갔다. 그런데 약속장소에서 CEO 분을 보고 순간 당황스러웠다.

세상에! 그 분은 호텔에 운동복 차림으로 앉아 있는 것이 아닌가? 홍석기 교수가 민망할까 봐 운동복으로 갈아 입고 온 것이다. 둘은 만나자마자 잠시 당황스러운 표정을 짓다가 서로를 보고 한참을 웃었다고 한다. 그 이후에 이 두 분의 사이는 어떻게 됐는지는 이야기를 안 들어봐도 알 것이다.

상대에게 맞춰 주려는 배려심이 서로를 더욱 친하게 한 것이다. 옷차림만이 아니다. 말의 속도도 같이 맞춰주면 친밀감은 더욱 커진다. 고객의 말이 빠르면 나도 빠르게 하고, 고객의 말이 늦으면 나도 늦춰서 하면 좋은 효과를 보게 된다.

내가 쌍화탕을 시켰을 때 상대도 쌍화탕을 시키면 정이 더 가는 것이 인지상정이다. 내가 냉면을 시켰는데 상대가 한우 등심을 시킨다면 기분이 어떻겠는가?

심리학에는 이런 현상을 '거울효과(Mirror Effect)'라고 한다. 내 앞에 있는 상대가 마치 자신의 모습을 거울에 비추어 보듯이 내가 상대의 모습을 자연스럽게 따라하면 상대가 친근감을 느껴

Self leadership 귀마지 소통법

나에게 더욱 호감을 갖게 된다. 그것은 옷차림이나 소품부터 자세, 걸음걸이, 제스처, 얼굴 표정, 팔짱을 끼고 있는 모습이나 다리를 꼬고 있는 모습 같은 외적인 모습은 물론 목소리나 말의 속도, 말투, 설명방식, 어휘 사용에까지 모든 부분에 적용된다.

아내와 백화점에 가서 옷을 산다고 생각해보자.

"여보, 이 옷은 어때?"

이때 얼른 내 의견을 말하면 참 난처할 수가 있다. 아내가 원하는 말이 무엇인지 모르고 사실대로 말했다가 싸움이 날 수 있다. 이때 미러효과를 활용한 복사화법을 활용하면 위기를 탈출할 수 있을 뿐만 아니라 좋은 효과를 얻을 수 있다.

"어, 당신은 어떤데?"
"어, 나는 좀 마음에 들지 않아."
"응, 마음에 들지 않는구나. 그러면 어떤 것이 좋은데?"
"나는 베이지색이 좋아."
"아, 당신도 베이지색을 좋아하는구나. 나도 베이지색을 좋아해."

대답하기 곤란하거나 생각이 나지 않으면 똑같이 질문을 하면 좋다. 그러면 상대가 원하는 답을 들을 수가 있고, 슬기롭게 대화를 이어갈 수가 있다.

눈으로 말해요

아무리 좋은 말을 해도 눈을 바라보지 못하면 설득력이 없다. 우리나라 사람들은 어려서부터 가부장적인 분위기에서 자랐기 때문에 눈을 마주치지 못하는 것이 습관이 된 경우가 많다. 윗사람의 눈을 마주치는 것은 버릇이 없는 것으로, 눈을 바라보지 않는 것을 예절로 배웠던 적도 있다.

그러나 요즘 이렇게 해서는 문제가 많다. 외국 사람들이 우리나라 사람들하고 이야기를 하면서 가장 많이 하는 말이 있다.

"왜 눈을 피하느냐? 그래서는 진심을 알 수 없다."

사람의 눈은 마음의 창이다. 눈 안에 그 사람의 진심이 담겨 있다.

과학자들이 밝혀낸 연구에 의하면 사람이 누군가에게 호감을 갖고, 진심을 다하면 동공이 크게 열린다고 한다. 반대로 똑같은 빛인데도 내가 혐오하고 짜증나고 재미없는 일을 하면 동공이 축소가 된다고 한다. 재미있는 것은 그 동공을 우리가 느낀다는 것이다.

한 방송국에서 학생의 눈을 찍어서 실험을 한 적이 있다. 동공이 열린 사진과 동공이 닫힌 사진을 거리에 놓고 100명한테 마음에 드는 사진을 고르라고 했더니 73% 정도가 동공이 열린 사진을 선택한 것이다.

"왜 이 사진을 골랐나요?"

사람들한테 물었더니 거의 이런 식으로 대답을 했다.

"표정이 밝아요."
"예뻐 보여서요."
"호감이 가서요."

많은 사람들이 동공이 열린 사진을 호감형으로 보았다. 물론 그 이유를 직접적으로 "동공이 열려 있어서요"라고 하는 사람은 없지만, 본능적으로 눈을 보고 호감을 보인 것이다.

눈 안에는 많은 이야기가 담겨 있다. 눈을 가만히 보고 있으면 금방 친해진다. 강의 중에 수많은 수강생들을 대상으로 직접 실험을 해보았다. 강의 중에 수강생들끼리 눈을 마주보고 이야기를 나누는 시간을 가진 것이다. 그랬더니 쉬는 시간에 뭐를 사다 주고, 같이 먹자면서 금방 친해지는 모습을 보였다.

이것이 눈의 힘이다. 우리는 눈을 잘 못보는 문화에 살고 있기 때문에 더욱 신경을 써야 한다. 물론 눈을 마주보는 것은 상당한 설득력을 가지고 있지만, 아직은 우리 사회에 이를 버릇없는 행위, 또는 도발적인 행위로 보는 사람들이 있기에 신중을 기해야한다. 처음 보는 사람을 똑바로 보면 노려보거나 도발적으로 보는 경우가 많으니까 아무 때나 눈을 바라보아서는 위험하다. 주로 인사를 하거나 악수를 할 때 눈을 똑바로 바라보면 좋다.

많은 사람들이 눈을 피하는데 요즘은 이것이 예의가 아니라고 여기는 사람들이 많으니까, 이것을 기회로 눈을 3초간이라도 마주쳐서 좋은 인상을 심어주는 것이 좋다.

예쁜 뒷담화의 부메랑 효과

소통을 하려면 공감이 중요하다. 공감은 공통점을 찾아 하나가 되는 마음에서 온다. 상대와 내가 연결될 수 있는 무엇인가를 찾으려면 이 자리에 없는 제삼자의 이야기를 꺼내는 것이 좋은 방법이다.

흔히 '뒷담화'는 같은 조직의 일원이지만 마음에 들지 않는 사람이 없는 자리에서 그 사람에 대한 부정적인 이야기를 하는 것을 말한다. 뒷담화는 공범 의식을 불러 일으켜 그 자리에 있는 사람끼리 더욱 끈끈한 유대감을 불러 일으키는 장점도 있다. 그래서 뒷자리에서 험담하는 좋지 않은 행동임에도 불구하고 무조건 나쁘다고만 할 수 없는 이유이기도 하다.

하지만 뒷담화를 너무 즐기다 보면 갈등을 불러 일으킬 수 있다. 인간은 긍정적인 정보보다는 부정적인 정보에 더 빠르고 강력하게 작용하기 때문에, 뒷담화가 그 자리에 있는 사람들의 유대감을 형성하는 데는 일시적인 효과가 있을지 모르지만, 나중에 뒷담화의 대상이 그 이야기를 듣게 되면 갈등의 골을 더욱 깊게 만들 수 있다. 따라서 뒷담화를 즐기는 것은 전체를 위해서 결코 좋은 방법이 아니다.

그래서 나는 이왕이면 뒷담화의 긍정적인 면만 취해야 한다고 주장한다. 그 자리에 없는 사람의 부정적인 이야기를 하는 것이 아니라 긍정적인 이야기로 화제를 바꿔보는 것이다. 그러면 뒷담화를 나누는 사람끼리 끈끈한 유대감을 유지하는 긍정적인 면도 취하면서, 그 자리에 없는 뒷담화의 대상이 나중에 알았을 때 더욱 좋아해서 전체적으로 끈끈한 공감대를 유지할 수 있다. 그야말로 일석이조의 효과를 얻을 수 있는 것이다.

예를 들면 아이 엄마가 있다면 자녀의 이야기를 긍정적인 뒷담화의 화제로 삼는 것이다. 키가 크다든지 공부를 잘하든지, 또는 친구가 많다든지 하는 장점이 있다면, 그것을 화제로 뒷담화를 즐기는 것이다.

"그 아이는 키도 크고 공부도 잘 한데."
"그뿐만 아니라 친구도 많다면서?"
"와, ○○의 엄마는 참 좋겠다."

이러면서 상대를 추켜세우기 위해 내 자녀의 대한 아쉬움을 적절한 추임새로 넣어주면 좋다.

"우리 아이는 키가 작은데 부럽다."

이때 시부모나 남편에 대한 이야기는 가급적 꺼내지 않는 것이 좋다. 시부모와 남편 이야기를 하다 보면 필시 부정적인 이야기가 나올 것이고, 그러다 보면 기분이 상하게 된다. 내가 꺼내지 않아도 상대가 화제를 그 쪽으로 가져간다면 피하지 말고 참고 끝까지 경청하고 공감해주는 것이 좋다. 그러면 상대가 멋쩍어 하며 스스로 자신의 잘못을 알아차려 결과는 더욱 좋아질 수 있다.

"세상 참 좁아요. 이 바닥이 한두 사람 거치면 다 알아요. 그래서 나쁜 짓을 못해요."

매우 중요한 말이다. 이야기를 좀 나누다 보면 분명 서로 아는 사람이 등장하게 된다. 그래서 부정적인 화제의 뒷담화는 위험하다. 그렇기 때문에 우리는 더욱 긍정적인 화제로 뒷담화의 주제를 바꿔가야 한다. 그러면 상상 밖으로 좋은 것을 많이 얻을 수 있다.

칭찬 중에 칭찬은 없는 자리에서 하는 칭찬이다.

생각해 보라. 여러분도 누군가가 없는 자리에서 나를 칭찬했다는 것을 알게 되면 기분이 어떻겠는가? 뒷자리에서 나를 칭찬하고 다니는 사람을 어떻게 대하겠는가?

그렇기 때문에 무조건 없는 사람의 장점을 칭찬해야 한다. 만약에 상대가 "글쎄요?"라며 호응하지 않는다면, 그때는 얼른 화제를 돌리면 된다. 실제로 없는 사람에 대한 칭찬을 하다 보면 이런 반응을 접할 때가 더 많다.

"그래요? 몰랐네요?"

상대에 대해 좋게 이야기해주면 듣는 사람도 나중에는 나를 좋게 본다. 내가 자신이 없는 자리에서도 자신에 대해 좋은 이야기를 할 것이라 믿기 때문이다.

누군가에게 없는 사람의 칭찬을 들었으면 그 이야기를 옮겨주는 것도 좋은 방법이다. 가능하다면 칭찬한 사람이 있는 자리에서 그 사람에게 전화를 하는 것도 좋은 방법이다.

"오늘 우연히 00을 만났는데 선생님을 아신다고 하더라구요. 너무 반가워서 전화했습니다. 잘 지내시죠? 들어보니 OOO일도 하셨다구요? 깜짝 놀랐습니다."

이렇게 한다면 당신은 돌멩이 하나로 새 두 마리를 잡는 효과를 얻을 수 있을 것이다. 상대가 전화를 받지 않는다면 문자를 남기는 것도 좋다. 답문이나 전화가 안 오더라고 제삼자는 당신에게 호감을 갖게 될 것이고, 당신은 그 간단한 행동 하나로 두 사람의 마음을 사로잡은 소통의 달인으로 설 수 있을 것이다.

내가 말을 잘하는 진짜 이유

사람들은 질문을 받으면 대답을 해야 한다는 강박관념이 생긴다. 그래서 질문법을 적절히 사용하면 호감을 받을 수 있다. 예를 들어서 어떤 사람이 자랑을 한다.

"우리 아들이 이번에 명문대에 들어갔어."

그러면 얼른 질문에 들어가면 좋다.

"어유, 어떻게 가르쳤기에 명문대에 입학시키셨나요?"

그러면 그 사람은 신이 나서 자랑을 더 한다. 누구나 자기 말을 하고 싶어 하는 심리를 자극해서 상대가 말할 기회를 마련해 주는 것이다. 그러면 그 사람은 나에게 호감을 가질 수밖에 없는 것이다.

나는 사람들이 모인 곳에서 말을 잘 들어주는 편이다. 어떤 모임에 가서는 워낙 말을 잘 하는 사람들이 많아서 거의 듣기만 했던 적도 있다. 그런데 자리가 끝나고 나서 나에게 호감을 가진 분이 다가와서 이렇게 말을 했다.

"김교수는 어쩌면 그렇게 말을 잘하는가? 정말 좋은 말 많이 들었네."

사실 그 분이 한 말이 더 많고 나는 거의 들어주기만 한 자리였다. 중간 중간에 말을 들으면서 그 분이 말을 더 많이 할 수 있도록 적절히 호응을 하면서 질문을 했던 것이 그 분에게 호감을 준 것이다. 예전 홈쇼핑에서 쇼호스트를 할 때에도 비슷한 일이 있었다.

"사장님, 이번 달 매출을 많이 올려야 할 것 같은데 어떻게 준비를 하고 계신가요?"

이런 식으로 사장님이 하고 싶은 말을 할 수 있도록 자리를 만들어 주는 질문을 하면 대부분의 사장님들은 말을 꺼내기 시작하면서 나에게 호감을 갖기 시작했다.

질문하라 HOW로 질문하라

한정 질문과 자유 질문 무엇이 먼저일까?

질문에는 자유 질문과 한정 질문이 있다. 자유 질문은 어떠한 답이 나올지 예상할 수 없는 질문이고, 한정 질문은 "예, 아니오"라는 뻔한 답이 나올 수밖에 없는 질문이다.

내가 이야기의 주도권을 끌고 가고 싶을 때는 한정 질문을 하는 것이 좋다. 첫 질문이 자유 질문일 경우에는 상대가 답을 모르거나 내 의도와는 다른 엉뚱한 대답이 나올 확률이 높다. 그러나 한정 질문은 답이 한두 개밖에 없기 때문에 상대는 대답을 쉽게 할 수 있고, 나는 예상되는 대답에 이어서 대화를 내 쪽에 유리하게 끌고 갈 수 있다.

"행복이란 무엇인가? 누구나 행복하고 싶다고 말하지만, 실제로 많은 사람들은 목표를 이루기 위해 현재의 행복을 외면한다."

예를 들어 이런 말을 하고 싶다고 하자. 글로 쓸 때는 쉽게 이해할 수 있다. 그러나 이것을 말로 하면 글만큼 공감시키기 어렵다. 이럴 때 질문법을 사용해서 공감하게 하고 스스로 느끼게 하는 방법이 필요하다.

그때 첫 질문을 두 가지로 해보자.

자유 질문법

나 : "행복하려면 우리는 어떻게 해야 할까요?"

상대 : "??" (이런 질문을 받고 바로 대답할 수 있는 사람이 얼마나 있을까?)

나 : (질문하자마자 바로 자기가 말한다) "누구나 행복하고 싶다고 말하지만, 실제로 많은 사람들은 목표를 이루기 위해 현재의 행복을 외면합니다."

나 : "삶에 비전이 있는 사람과 없는 사람 누가 더 행복할까
요? 비전이 있는 사람이죠?"

상대 : "예."

나 : "네 맞습니다. 그런데 질문을 바꿔보겠습니다. 비전 때
문에 지금의 행복을 포기하는 사람과 비전은 없지만 한
순간 한 순간 최선을 다해 사는 사람 둘 중에 어느 사람
이 행복할까요?"

말과 글은 다르다. 글을 보면 우리는 해독하고 이해하려 한다.
그리고 이해가 안 되면 다시 볼 수도 있다. 그러나 말은 반응이
빠른 반면에 순간이다. 생각하는 시간에 또 다른 정보가 들어오고
이해하려는 순간 앞의 정보는 날아가 버린다.

이때 질문을 통해서 상대가 이해했는지 알아보고 다음 정보를
제공하는 것이 한정 질문법이다. 주장이 아니라 소통을 하려면 상
대가 내 말을 이해했는지 수시로 확인하는 시간이 필요하다.

여기서 중요한 것은 자유 질문은 일방통행이고 한정 질문은 쌍방향통행이라는 것을 분명히 인식해야 한다. 가급적 자유 질문보다 한정 질문으로 쌍방향통행을 시도해야 한다.

〈뉴욕 타임스〉가 선정한 자기계발 부문 베스트셀러 작가 저자 데비 포드(Debbie Ford)의 〈질문에 답할 수 있다면 내 삶은 괜찮은 것이다〉의 목차를 보자. 이 책은 목차 자체가 질문이며 모두 한정 질문으로 되어 있다.

1. 이 선택은 나를 미래로 이끄는가, 아니면 과거에 매달리게 하는가?

2. 이 선택은 내 꿈을 위한 것인가, 아니면 당장의 만족을 위한 것인가?

3. 나는 지금 스스로의 힘으로 서 있는가, 아니면 다른 사람을 기쁘게 하려고 애쓰는가?

4. 나는 좋은 점을 보는가, 아니면 잘못된 점만 찾는가?

5. 이 선택은 나의 생명력을 더해줄까, 아니면 내게서 활력을 앗아갈까?

6. 이 상황을 성장의 계기로 삼을 것인가, 아니면 스스로를 괴롭히는 데 이용할 것인가?

7. 이 선택으로 나는 힘을 얻을까, 아니면 힘을 잃게 될까?

8. 이것은 나를 사랑하는 행동인가, 아니면 자기 파괴적인 행동인가?

9. 이것은 신념에 찬 행동인가, 아니면 두려움이 야기한 행동인가?

10. 이것은 신성에 의한 선택인가, 아니면 인성에 기인한 선택인가?

이런 질문에 대답하다 보면 자연스럽게 나를 발견하게 된다. 이것이 한정 질문의 힘이다.

"그걸 질문이라고 하세요?"

"요즘 제일 고민되는 문제는 무엇입니까?"

처음 만난 사람에게 이런 질문을 받았다면 어떤 생각이 들까? 이런 질문을 던지려면 서로간의 신뢰가 어느 정도 쌓여 있어야 한다. 생판 처음 보는 세일즈맨이 이런 질문으로 대화를 시작한다면 아무리 좋은 상품이라도 거들떠보지 않을 것이다. 대화는 질문으로 시작한다. 처음 만난 사이에서는 다음과 같은 자연스런 질문으로 시작해야 한다.

"안녕하세요?"
"오시는데 힘들지 않으셨어요?"
"저희 회사가 좀 찾기 어려운 위치에 있죠?"

질문을 할 때는 삼가야 할 것이 있다. 내가 아무리 친밀감을 표현하기 위해 던진 질문이라도 자칫 상대의 기분을 상하게 해서 소통의 독으로 돌아오는 것이 있다. 특히 직장 내에서 중요한 위치를 차지하고 있는 사오십대의 중견 간부들이 이런 질문을 잘못 사용하는 실수를 많이 저지른다. 정말 가려야 할 질문은 가려야 한다.

"저는 원숭이띠인데 어떻게 되세요?"
나이를 직접적으로 묻지 않고 띠로 물어서 부담을 덜려고 하는 의도지만 내가 나이가 많으니 나이로 서열을 정하겠다는 의도가 깔려 있다. 정말 가려야할 질문이다.

"애인은 있나?"

명절이나 가족 행사에 모처럼 만난 친인척들이 손아래 사람에게 쉽게 하는 질문이다. 본인은 친밀감을 표현하기 위해서 하는 말일지 모르지만, 상대는 부담감을 느껴 다음부터 명절이나 가족 행사에 참석을 기피하는 원인을 제공할 수 있다. 직장의 간부들이 여직원에게 흔히 묻는 질문이기도 하다. 사생활에 대한 질문은 친분이 있거나 사적인 신뢰가 없는 관계에서는 극히 실례가 된다. 눈치 없는 중년들이 이런 질문을 던져 놓고 낭패를 당할 때가 많다.

"자네는 꿈이 무엇인가?"

이 질문도 마찬가지다. 나는 쉽게 내뱉는 질문일지 모르지만 상대에게는 너무나 무거운 질문이다. 상대가 상담을 요청하지 않는 한 이런 질문은 훈계나 자기 자랑으로 대화가 흐르게 된다. 이 또한 정말 가려서 해야 할 질문이다.

질문하기 전에 질문하자, 나에게!

강렬한 눈빛으로 내 강의를 집중해서 들은 학 한생이 강의 후에 강의실에 남아서 이렇게 질문을 던졌다.

"박사님 저는 아나운서가 꿈인데요. 어떤 것부터 준비하면 좋을까요?"

젊은 친구들이 흔히 하는 질문이다. 밑도 끝도 없이 자신의 삶에 대해 질문한다. 과연 이런 질문에 시원하게 대답해줄 수 있는 사람이 몇이나 될까? 그 답은 자신이 찾아야 한다. 그래서 나는 이런 질문으로 말문을 트기 시작했다.

"아, 학생의 꿈이 아나운서군요. 그 꿈을 언제부터 준비했나요?"

"중학교 때부터요."

"대단하네요. 그렇게 일찍 직업에 대한 목표가 생기다니 훌륭해요. 그럼 그동안 어떤 준비를 했나요?"

"책도 많이 보고 방송활동도 하고 해서 지식과 경험을 많이 쌓아왔어요"

"잘 하셨네요. 그렇게 하면 돼요. 앞으로도 그런 식으로 준비하면 되겠는데요? 그런데 왜 아나운서가 되려고 하는지 물어봐도 될까요?"

"그냥 어릴 때부터 되고 싶었어요."

"아나운서가 하는 일이 여러 가지가 있어요. 뉴스, 스포츠캐스터, MC, DJ 등의 일을 하죠. 그 중에서 어떤 일이 맘에 들어요?"

"전 뉴스를 잘하고 싶어요. 아나운서의 기본은 뉴스잖아요."

"맞아요. 아주 잘 알고 계시네요. 그럼 왜 뉴스를 진행하고 싶어요?"

"진실된 보도를 하고 싶어요."

"그렇군요. 학생들은 직업을 꿈이라고 생각하는데 아나운서는 그냥 직업일 뿐이네요. 아나운서에 합격하고 나서 그 다음 목표를 세우는 것보다는 미리 생각해보면 어떨까요?"

"그 생각은 안 해봤어요."

"다들 그래요. 저 역시도 아나운서가 되고 싶다고만 생각했지 내가 왜 그 직업을 해야만 하는지 그리고 그 이후에는 어떻게 해야 하는지 잘 몰랐어요. 그것을 알게 되면 지금 내가 무엇을 해야 하는지 알게 되지 않을까요?"

"지금 말씀하시는 것은 책을 봐도 강의를 들어도 다 같은 대답이네요. 꿈을 구체적으로 그려라 그리고 실천하라. 그건 누구나 해줄 수 있는 대답 같아요. 전 지금 제가 무엇을 해야 하는지 알고 싶어요. 저는 지금 무엇을 해야 할까요?"

결국 40분 가까이 같은 이야기를 반복하다가 헤어졌다. 답을 찾고 싶은 학생의 맘은 이해하지만 내가 어떻게 시원한 답을 줄 수 있단 말인가?

"이 학생은 지금 무엇을 해야 할까?"

한번 생각해 봤으면 한다. 생각 같아서는 내가 운영하는 학원에 수강하라고 하고 싶지만 그것은 그 학생이 원하는 답이 아니기에 꺼내지 않았다. 답은 스스로에게 질문하고 찾는 것이 가장 좋다. 남은 내 인생을 모르고 대신 살아주지도 않는다.

나는 내게 상담을 요청하는 분들에게 끊임없이 질문을 한다. 스스로 답을 찾아보라는 것이다.

평소에 나에게 질문해보자.

"오늘 내가 꼭 해야 할 일이 무엇인가?"

"그 일을 하기 위해서 무엇부터 해야 하는가?"

"이 일은 중요한 일인가? 급한 일인가?"

"중요하지 않은 급한 일을 먼저 할 것인가? 급하지 않지만 중요한 일을 먼저 할 것인가?"

질문을 하면 답을 찾으려고 하고 한 번 더 생각해서 신중하게 된다.

"그동안 해온 반복적인 일들이 과연 효율적일까? 다른 방법은 없을까?"

"내가 이런 말을 하면 상대에게 상처가 되지 않을까?"

질문을 하면 감정을 통제할 수 있다.

"나는 지금 왜 화가 나있는 거지? 아, 상대가 화가 나서 괜히 나까지 화가 난 것이구나. 상대가 화를 낼만 하네. 나 같아도 그렇겠어. 그럼 이 상황을 어떻게 해결하지? 그냥 공감하고 들어주자. 대신 내 감정까지 상하지는 말자."

아부하라 공개적으로

공감하라 지금 노력하는 부분에

꾸준히 하라 될 때까지

PART 2

———

마음를 열어라

_ 칭찬(아부)의 기술

좋은 말을 남에게 베푸는 것은

비단옷을 입히는 것보다 따뜻하다.

− 순자

칭찬의 기술을 익히자

Self leadership

한때 『칭찬은 고래도 춤추게 한다』는 책이 베스트셀러에 오른 적이 있을 정도로 칭찬의 중요성과 기술에 대해 설명한 연구서들이 시중에 많이 나와 있다. 그리고 많은 사람들이 칭찬을 잘하기 위해 열심히 노력하고 있다. 그런데 의외로 부작용도 심하게 드러나고 있다.

이론적인 부분은 전문성을 띤 다른 책들에서 구하는 것으로 채워나가기로 하고, 여기에서는 실전에 활용할 수 있는 구체적인 사례를 중심으로 칭찬의 기술을 짚어보자.

"예뻐졌네요"가 욕이 된 이유는?

화사한 봄날에 한 여인이 예쁜 옷을 입고 모임에 나왔다. 문

옆에 있던 사람이 먼저 알아보고 인사를 했다.

"정말 예뻐졌네요."

그러자 이 여인이 입이 함지박 만하게 찢어졌다. 그 모습을 보고 또 한 사람이 다가와서 말했다.

"와, 정말 예뻐졌네요."

그런데 갑자기 이 여인의 표정이 갑자기 일그러졌다. 그러자 "예뻐졌다"고 말하며 다가섰던 사람이 금세 이상한 기운을 눈치 채고 말했다.

"왜 그러세요?"

그러자 여인이 새침데기처럼 한 마디를 내뱉었다.

"그럼, 예전에는 안 예뻤단 말이에요?"

"······?"

정말 무엇이 문제일까? 이 여인은 처음의 사람이 "예뻐졌네요"라고 할 때는 기뻐하다가 나중의 다른 사람이 똑같은 말을 했을 때 왜 삐친 것일까?

어떤 말이 뜻을 이루기 위해서는 말하는 이와 듣는 이, 시간과 공간, 그리고 말을 이루는 어휘와 문장이 서로 어우러져야 한다. 똑같은 말도 말하는 이와 듣는 이의 관계에 따라 다른 뜻으로 전달될 수 있고, 시간과 장소에 따라, 표현되는 언어에 따라 달라질 수가 있다.

따라서 소통을 위해서는 항상 '**귀마지 소통법**'에서 강조한 '**상상목표**', 즉 **상대와 상황, 목적과 표현**에 신경을 써야 한다.

"예뻐졌네요."

이 말은 어휘만 놓고 볼 때는 분명히 좋은 말이다. 하지만 말하는 이가 아무리 좋은 뜻을 가지고 했더라도 듣는 이가 좋게 듣지 못한다면 결코 좋은 말일 수가 없다. 말하는 이가 아무리 좋은 어휘를 나열해 좋은 말을 했더라도 그 말이 상대에게 불쾌감을 줄 수 있다는 것을 알아야 한다.

"**알고 짓는 죄와 모르고 짓는 죄 중에 무엇이 더 무서울까요?**"

이렇게 질문을 던지면 많은 사람들이 당연하다는 듯이 알고 짓는 죄가 무섭다고 한다. 물론 현행법에서는 모르고 짓는 죄는 정상참작을 해주고, 알고 짓는 죄는 가중처벌을 하는 경우가 많기 때문에 알고 짓는 죄가 무섭다는 말이 당연할 수 있다.

그러나 벌의 목적을 행위에 대한 처벌이 아니라 잘못된 행위에 대한 계도를 통해 스스로 사회생활을 하는데 불이익을 당하지 않게 하는 측면으로 바라본다면, 우리는 모르고 짓는 죄를 더욱 무서워할 줄 알아야 한다.

"뜨거운 물에 모르고 손을 담그는 사람과 알고 담그는 사람 중에 누가 더 심한 화상을 입게 될까?"

물이 뜨겁다는 것을 알고 있는 사람은 손을 담그기 전에 조심해서 화상을 입지 않도록 대비를 하겠지만, 그것을 모르는 사람은 덥석 손을 담갔다가 그대로 델 수밖에 없다. 우리는 죄라는 것도 이와 같이 여겨야 한다.

상대는 내 말 때문에 기분이 상해서 씩씩거리는데, 나는 "예뻐졌네요"라는 말로 칭찬을 했다고 착각을 하고 있으면 어떤 일이 벌어질까? 나는 이유도 모르게 "예뻐졌네요"라는 말을 해준 사람한테 미움이라는 벌을 받을 수밖에 없다. 그나마 그 사람이 "예전에는 안 예뻤단 말이에요?"라는 말로 "예뻐졌네요"라는 말에 기분이 상했다는 표현을 해 준 것은 정말 고마워해야 할 일이다. 그 일을 계기로 내 잘못을 알아 챌 수 있다면 더 이상 모르고 짓는 죄에서 벗어날 수 있기 때문이다.

"그런 말로 나를 비꼬았단 말이지. 두고 봐라. 내가 잘해주나."

많은 사람들은 "예뻐졌네요"라는 말을 듣고 기분이 상했어도 그 자리에서 말로 표현하지 않고 이렇게 속으로만 복수의 칼을 간다. 그러면 칭찬을 했다고 착각을 한 사람은 어디에서도 자신의 죄를 알아차릴 기회가 없다. 그런 식으로 이 사람 저 사람에게 자신도 모르게 죄를 지어놓았다가 어느 한 순간 그것 때문에 많은 사람들을 적으로 만들어 놓고, 그 버릇 때문에 힘든 삶을 살 수밖에 없는 것이다.

따라서 칭찬을 할 때는 반드시 모르고 짓는 죄를 경계해야 한다. 내가 아무리 좋은 말을 했더라도 상대가 기분 나빠한다면 그것은 칭찬이 아니라 욕이 될 수 있다는 것을 알아 차려야 한다.

귀마지 소통법에서 강조하는 '상상목표(상대 · 상황 · 목적 · 표현)에 따라 칭찬이 욕으로 전달될 수 있다는 것'을 항상 염두에 두어야 한다.

진짜로 칭찬해보자

"그럼, 예전에는 안 예뻤단 말이에요?"

상대가 지금 "예뻐졌네요"라고 말한 내 말을 듣고 이런 반응을 보인다면 어떻게 해야 할까?

"예전에도 예뻤지만 지금은 더 예뻐졌다고 할 거예요."

많은 사람들이 이렇게 대답을 한다. 그런데 엄밀하게 따진다면 이미 삐쳐 있는 사람에게 이렇게 말하는 것만으로는 어림도 없는 말이다. 오히려 이 말을 듣고 더 기분이 나쁠 수도 있기 때문이다. 문제는 말로 어떻게 하려고 하는 것보다 상대가 내 말을 듣고 삐친 원인이 무엇인가 먼저 헤아리는 마음이 더 필요하다. 그렇지 않다면 무슨 말을 해도 상대는 더욱 기분 나빠할 일만 생기게 된다.

사실 이 일은 실제로 있었던 일이다. 첫 번째 사람이 "예뻐졌네요"라고 하자 기뻐했던 여인이, 두 번째 사람이 "예뻐졌네요"라는 똑같은 말을 했는데도 삐치면서 "그럼, 예전에는 안 예뻤단 말이에요?"라고 반문을 한 것이다. 그러자 이 사람은 그 말을 기다렸다는 듯이 "솔직히 예전에는 좀 촌스러웠잖아요?"라고 대답을 해 버렸다. 순간적으로 분위기가 더욱 썰렁해진 것은 더 이상 말할 필요도 없을 정도였다.

이 일을 어떻게 바라보아야 할까? 실제로 우리는 남의 말을 들을 때 그 의도를 쉽게 알아차린다. 정작 말을 한 당사자가 그 뜻을 모르는 경우가 많다. 그것도 칭찬으로 포장을 한 말을 상대가 칭찬으로 들을 것이라고 착각한다. 그러나 대화를 몇 마디 더 나누다 보면 칭찬으로 포장을 한 말은 금방 본색이 드러난다.

"예전에는 안 예뻤단 말이에요?"
"솔직히 예전에는 좀 촌스러웠잖아요?"

이 대화가 뜻하는 것은 무엇인가? 두 번째 사람이 "예뻐졌네요"라는 칭찬으로 포장한 말의 본색이 드러난 순간이다. 이 사람은 "예뻐졌네요"라는 말을 하기 전에 속으로 '촌스러웠던 사람이 제법이네'라는 본심을 숨기고 있었던 것이 분명하다. 여인이 똑같은 말을 듣고도 두 번째 사람의 말에 기분 나빠했던 것은 "예뻐졌네요"라는 듣는 순간 그 속에 담긴 의도를 느꼈기 때문인 것이다.

칭찬을 하려면 진심을 담아야 한다. 진심이 담기지 않은 칭찬은 어딘가 어색하기 마련이고, 그것 때문에 오히려 상대의 기분을 상하게 할 경우가 많다. 진심이 우러나지 않는다면 차라리 말이라도 하지 않는 것이 낫다. 진심이 없는 말을 해서 상대의 기분을 나쁘게 해 놓고 나는 칭찬을 했으니까 상대가 좋아할 것이라고 착각하는 잘못에서 벗어날 수도 있다.

이왕이면 크게 하자

"예쁘시네요."

"멋지시네요."

정말로 예쁘고 멋진 사람한테 이런 말을 하기는 쉽다. 듣는 사람도 당연하다고 듣기 때문에 관계가 좋아질 수 있다. 그러나 칭찬을 하고는 싶은데 막상 상대 앞에 서면 무슨 말을 해야 할지 떠오르지 않을 때가 있다. 예쁘지 않은 이에게 예쁘다고 하거나, 멋지지 않은 이에게 멋지다고 했다가 오히려 진정성을 의심받아 관계가 더욱 서먹해질 수가 있기 때문이다.

이럴 때를 대비해서 보편적으로 누구나에게 통용되는 칭찬을 익혀두는 것이 좋다. 물론 기본적으로 말할 때 진심을 담는 것을 전제로 해야 한다.

관계를 잘 맺고 싶은 사람 곁에 아이가 있다면 최대한 아이를 칭찬하는 것이 좋다.

"어머, 아이가 정말 잘 생겼네요."
"어머, 아이가 어쩜 이렇게 예뻐요?"

이런 식으로 남자 아이는 "잘 생겼다", 여자 아이는 "예쁘다"라고 하면 무난하다. 실제로 어린 아이들 중에 잘 생기고, 예쁘게 보이지 않는 아이는 거의 없다. 물론 어쩌다가 정말 아니다 싶은 아이를 만났는데 마땅히 칭찬할 말이 떠오르지 않으면 얼른 아이의 얼굴을 보며 이렇게 말하면 좋은 효과를 얻을 수 있다.

"어머, 아이가 어쩌면 이렇게 눈이 맑아요?"

실제로 거의 모든 아이들의 눈은 맑게 빛이 난다. 내가 진심을 담아서 칭찬할 거리를 찾으면 무엇이든지 찾아낼 수 있지만, 어쩌다 정말 칭찬할 말이 떠오르지 않을 때를 대비해서 이처럼 모든 아이들에게 통용되는 칭찬 정도는 숙지해두는 것이 좋다.

또한 칭찬을 할 때는 다소 오버를 해서라도 목소리와 제스처를 크게 하면 효과는 더욱 좋다.

어른인 당사자를 칭찬하고자 할 때는 더욱 신중을 기해야 한다. 형식적으로 외운 말로 칭찬이라고 했다가는 자칫 관계를 더욱 힘들게 하는 경우가 생기기 때문이다.

이럴 때는 말보다 표정이나 행동에 더욱 신경을 써야 한다. 더욱 오버를 해서라도 진심을 담아 친근감 있는 표정과 제스처를 병행하는 것이 좋다.

"어머, 정말 어울리네요. 그 머리 어디에서 하신 거예요?"

"이야, 정말 표정이 밝으시네요. 무슨 좋은 일이라도 있습니까?"

아부하라

Self leadership

강호동은 비호감형일까? 호감형일까?

강호동은 경남 진주 출생으로 1989년 18세에 백두장사에 오르고 이후 1992년에 은퇴할 때까지 백두장사 7회와 천하장사 5회를 석권하면서 씨름판의 왕자로 이름을 알렸다. 그는 스스로 어린 나이에 천하장사에 오르면서 세상을 너무 얕잡아 봤다고 했다. 그래서 씨름판에 있을 때는 선배와 동료들로부터 악동으로 불리기도 했다. 하지만 그는 방송에 입문하면서 씨름판을 주름잡던 카리스마를 그대로 유지한 채 최고의 방송인으로 자신만의 고유한 영역을 차지하고 있다.

그는 1993년에 당시 인기 개그맨이었던 이경규의 추천으로 문화방송 특채 개그맨으로 입사를 했다. 씨름으로 유명세를 타면서 몇 차례 방송을 하기 시작했는데 그때 그의 재능을 눈여겨 본 이경규의 마음을 사로잡은 것이다.

"네가 스타덤에 오르지 못한다면 나도 은퇴한다."

이 말은 개그맨이 될 것을 권하지만 씨름에서 은퇴 후 지도자 연수를 놓고 갈등하는 그에게 이경규가 자신있게 한 말이라고 한다. 이런 인연을 바탕으로 이경규는 최고의 방송인이 된 강호동이 결혼할 때 주례를 맡기도 했다. 공식적인 자리에서 항상 이경규를 존경한다고 밝히는 강호동의 진심을 엿볼 수 있는 장면이다.

그는 개그맨이 되자마자 〈코미디 동서남북〉에서 "행님아~"로 인기를 끌었다. 이후 KBS 2TV에 〈슈퍼TV 일요일은 즐거워〉에서 'MC대격돌 공포의 쿵쿵따' 코너와 MBC에 〈강호동의 천생연분〉으로 최고의 MC로 이름을 알리기 시작했다. 토크쇼인 SBS의 〈야심만만〉, MBC의 〈무릎팍 도사〉, KBS2 〈1박2일〉, SBS의 〈놀라운 대회 스타킹〉과 〈강심장〉을 통해 국민MC로 인정받고 있는 유재석과 함께 최고의 연예인으로 자리를 잡는다.

그러다가 2011년 9월에 과소납세 문제로 언론에 이름이 오르내리자 그는 과감하게 모든 것을 내려놓고 잠정 은퇴를 선언하면서 공식석상에서 모습을 감췄다. 현재는 그를 향한 비난 여론에 빌미가 되었던 과소납세 문제가 무혐의 처리를 받아 명예를 회복하고, JTBC의 〈아는 형님〉, KBS2의 〈우리동네 예체능〉 등을 통해 제2의 전성기를 누리고 있다.

● "유재석을 이기고 싶어요!"

자신의 분야에서 최고의 자리에 오른 사람들은 분명히 따라 배울 것이 많다. 실제로 강호동이 처세술을 배웠는지는 모르지만, 그를 볼 때마다 설득강사로서 그의 일거수일투족이 마치 살아있는 처세술의 교본처럼 느낄 때가 많다. 그는 일주일에 책을 두세 권 정도는 꼭 보면서 자기계발에 심혈을 기울이고 있다.

"유재석, 이 상을 내가 받아도 되는 건가요? 최고의 진행자인 유재석과 이 영광을 함께 한다고 생각하겠다."

2008년 KBS 연예대상을 수상하면서 그가 한 수상소감이다. 그는 항상 자신을 낮추며 유재석을 최고로 추켜세웠다. 더구나 그의 말 속에는 진정성이 묻어 있다. 한때 MBC의 인기 아나운서였다가 프리랜서로 첫 발을 내딛은 김성주 씨가 〈무릎팍도사〉에 출연해서 "앞으로 강호동처럼 최고의 MC가 되고 싶다"고 하자 그는 얼른 정색을 하며 이렇게 말했다.

"저는 아직 멀었어요. 배우려면 유재석한테 배워야 해요. 유재석이야말로 대한민국 최고 MC예요. 그는 게스트에 대한 배려가 뛰어나고, 나보다 표준어를 더 완벽하게 구사해요. 또한 타고난 천재성을 가진 사람은 노력이 부족하고, 노력하는 사람은 천재성이 부족하기 마련인데, 양쪽을 잘 하는 MC가 바로 유재석이에요."

그는 자신을 유재석의 2인자로 자처하는 발언을 자주 하곤 했다. 그의 이런 발언을 들을 때마다 온몸에 전율이 돋을 정도다. 이것은 처세술에서 최고의 아부의 기술을 발휘하는 것이다. 공개적으로 최고의 MC로 인정받고 있는 유재석에게 아부를 함으로써 자신의 존재감을 발휘하고 있는 것이다.

● 김제동이 들려주는 강호동식 〈아부의 기술〉

어느 날 〈야심만만〉이라는 프로그램에서 박수홍과 김제동은 강호동식 아부의 기술을 들려준다. 나는 그 방송을 보는 순간 '맞아, 바로 저거야!' 라고 감탄하며 금방 빠져들었다. 그 속에는 내가 알고 있는 〈아부의 기술〉이 고스란히 녹아 있었다.

첫째, 시작과 끝이 같은 오바

김제동이 강호동, 유재석과 더불어 방송에서 잘 나가는 게스트를 섭외하러 가는 길이었다고 한다. 게스트를 만나기 전까지만 해도 "제동아, 나는 절대로 그 사람 앞에서 기 죽지 않는다. 두고 봐라."고 큰소리를 치더니, 막상 게스트를 만나자마자 허리를 90도로 굽히면서 큰 소리로 이렇게 인사를 했다고 한다.

"존경합니다."

그리고 이야기를 나누는 중에 수시로 아부성 발언을 해서 게스트의 마음을 사로잡아 놓았다고 한다. 그것만으로도 부족해서 게스트와 헤어질 때 강호동은 유재석과 김제동의 손을 잡으며 이렇게 말했다고 한다.

"재석아, 제동아, 우리 이 분에게 마지막 선물을 드리자. 이 분 가시는 길에 우리 만세 삼창을 하면서 보내 드리자."

그리고는 양 손에 유재석과 김제동의 손을 잡고, "만세! 만세! 만세!"하고 삼창을 했다고 한다. 그런데 게스트가 차를 타고 한참을 갔는데도 만세를 하느라 불렀던 손을 내리지 않더라는 것이다. 그때 김제동이 이렇게 말을 했다고 한다.

"형님, 차가 떠난 지 언젠데 왜 손을 내리지 않아요?"

그랬더니 강호동이 이렇게 말을 했다고 한다.

"혹시 백 미러로 보실지 모르니까 차가 안 보일 때까지 이러고 있자."

김제동은 물론 그 덕분에 유재석과 더불어 만세 삼창을 해서 게스트에게 눈도장을 찍어서 좋았다는 말도 덧붙였다.

생각해 보라. 어느 게스트가 이런 대접을 받고 부탁을 거절할 수 있겠는가?

강호동의 〈아부의 기술〉은 상대방은 물론 주변 사람들에게 눈살을 찌푸리게 하지 않는다는 것이다. 어쩌면 누구나 할 수 있는 일 같지만 결코 쉽게 할 수 있는 일이 아니다.

사실 '아부'란 목적을 갖고 하는 칭찬이다. 따라서 자칫 잘못하면 당사자뿐만 아니라 주변 사람들의 눈살을 찌푸리게 해서 오히려 역효과를 볼 수도 있다. 그러나 같은 아부라 하더라도 진심을 갖고 사람들 앞에서 대놓고 하면 모두에게 웃음과 기쁨을 줄 뿐만 아니라 얻고자 하는 목적도 바로 달성할 수가 있다. 강호동은 바로 그 진심을 갖고 생활 속에서 아부를 실천하고 있는 것이다.

둘째, 나만 기억나게 하는 인사법

강호동식 〈아부의 기술〉은 이것만이 아니다. 김제동의 증언은 계속 이어진다.

"강호동 씨는 좀 더 독특한 인사말을 합니다. 다른 사람들이 '안녕하십니까?', '고맙습니다.' 이런 식으로 인사를 하고 나면, 강호동 씨는 항상 다른 사람들이 인사가 다 끝나기를 기다렸다가 맨 마지막에 독특한 억양으로 오버를 하면서 인사를 합니다. 그때까지 아무도 안 한 인사말을 찾다가, 심지어 '존경합니다.' 라는 말을 한 적도 많습니다."

설득기법 중에 중요한 메시지는 반드시 뒤에 한 번 더 하라는 기술이 있다. 홈쇼핑을 할 때 중요한 메시지를 앞에 하고, 반드시 맨 뒤에 다시 한번 강조하는 이유가 여기에 있다.

이것은 인간관계에서도 매우 중요한 기법이다.

"오랜만에 만나니 반갑다."

일반적으로 많은 사람들이 이렇게 말한다. 그런데 개중에 이런 사람을 만난다면 어떤 마음이 들까?

"이야, 이게 얼마만이냐. 정말 반갑다. 그동안 얼마나 보고 싶었는데."

그것도 말뿐만이 아니라 목소리와 표정, 행동을 크게 오버까지 해가며 반가움을 표현한다면 상대는 크게 기뻐할 것이고, 이런 사람을 오랫동안 기억할 수밖에 없는 것이 인지상정이다. 그러니 이왕 인사를 할 거면 조금만 더 목소리를 크게, 한 옥타브만 높여서 오버하듯이 인사를 해보자. 그러면 상대방을 기분 좋게 만들 뿐만 아니라 자신에 대한 좋은 이미지를 심어 줄 수 있다.

강호동이 바로 그것을 하고 있는 것이다. 생각해 보라. 덩치도 큰 사람이 "존경합니다."라는 말을 보태서 90도로 허리를 꺾으며 인사를 해 온다면, 그 인사를 받는 사람의 기분은 어떻겠는가?

강호동이 최고의 MC가 될 수밖에 없는 이유가 바로 여기에 있다. 실제로 연예 프로그램을 하면서 제일 힘든 것이 게스트를 섭외하는 것인데, 이런 식으로 대하니까 많은 사람들이 강호동의 프로그램에 출연을 쉽게 약속했다는 것은 널리 알려진 사실이다.

김제동의 증언은 강호동이 인사를 할 때도 결코 남들과 같이 묻어 가지 않았다는 것을 보여준다. 이러니까 상대에게 가장 기억에 남는 사람이 되고, 상대의 마음을 좀 더 쉽게 얻는 사람이 된 것임을 알 수 있다.

셋째, 최고의 아부 문자는?

그 다음으로 이어지는 김제동의 증언은 〈아부의 기술〉의 결정판을 보여준다.

"해마다 프로그램이 개편될 때 재계약 문제가 있습니다. 그런데 어느 날 SBS 방송국에서 강호동 씨와 함께 가다가 본부장님을 만났습니다. 그때 본부장님이 강호동 씨를 보고 '그때 문자 잘 받았다.' 라고 하면서 며칠 전에 강호동 씨가 보낸 전화 메시지를 보여 주셨습니다. 본부장님이 보여주신 전화기에는 '본부장님, 존경합니다. SBS의 충실한 개그맨이 되겠습니다. 깜찍한 호동이가.' 라고 보낸 메시지가 그대로 찍혀 있었습니다."

방송국 복도에서 본부장님이 강호동 씨를 보고 '문자 잘 받았다' 라고 말할 정도면 그것은 이미 보통 일이 아니다. 그것도 연세 지긋한 방송국의 간부가 메시지를 저장하고 있다가 당사자를 만난 자리에서 그것을 보여주며 치사를 했다는 것은 이미 자신의 마음을 다 내보여 준 것과 마찬가지다.

사실 따지고 보면 그 무렵에 강호동과 SBS본부장의 관계에서 강호동은 을이 아니다. 프리랜서로 방송3사에서 인기를 얻고 있는 MC라서 어느 방송국이든 잡으려고 하는 강호동은 그야말로 최고의 갑이다. 따라서 그 경우에도 인기 MC를 잡으려고 애써야 하는 SBS본부장이 오히려 을의 입장이라고 할 수 있다. 이미 최고의 인기를 얻고 있는 갑의 입장인 강호동이 목에 힘을 주어도 본부장이 쉽게 내칠 수 없는 관계였다.

그런데 강호동은 최고로 인기를 얻고 있는 연예인임에도 불구하고 자신을 낮추고, 갑으로 대접받기보다는 을의 입장에서 항상 상대방을 갑으로 모시는 자세를 취한 것이다.

어쩌면 이런 메시지는 SBS 본부장에게만 보낸 것이 아닐 수도 있다. 또한 SBS 본부장님도 강호동이 자신에게만 이런 메시지를 보낸 것이 아니라 다른 방송국 본부장에게도 보냈을 것이라는 생각했을 수도 있다. 그런데도 갑의 입장일 수 있는 강호동이 을의

Self leadership 귀마지 소통법

입장에서 자신을 갑으로 대우해 주니까 기분이 좋아서 더욱 기억해 주었을 것이다.

더구나 메시지는 구체적인 기록으로 남는 문자이기에 그 효과는 더욱 크다. 말은 법적 효력이 없어도, 글은 법적 효력이 있다. 사람들이 말은 쉽게 해도 문자나 이메일을 쉽게 할 수 없는 이유가 여기에 있다. 그런데 강호동은 아예 대놓고 메시지를 활용한 것이다. 이러니 어찌 사람의 마음을 쉽게 얻지 못하겠는가?

넷째, 공개하면 떳떳하다?

강호동은 김제동이 자신에게 〈아부의 달인〉이라고 하는 말을 당연하다는 듯이 받아 들인다. 어떤 변명을 하기보다 평소에 자신이 품고 있는 아부에 대해 스스로 예찬까지 한다. 그가 말하는 〈아부의 정의〉를 들어 보자.

"아부란 상대방과 내가 있을 때 목적을 위해서 그 사람을 칭찬하고 감싸 줄 것은 감싸주는 것이라고 생각합니다. 중요한 것은 많은 사람들이 있는 앞에서 '나는 당신을 존경합니다.' 라고 하는 것은 좋다고 봅니다."

이 말 속에는 강호동의 인생철학이 들어있다고 볼 수 있다. 그렇다. 단 둘이 있을 때는 얼마든지 거짓말로 찬사를 붙여가며 그야말로 자신의 잇속을 챙기는 아부를 할 수 있다. 하지만 공개적으로 사람들 앞에서 아부를 하는 것은 아무나 할 수가 없다. 그것은 진심이 담겨 있지 않으면 결코 쉽게 할 수 있는 말이 아니다.

생각해 보라. 상사가 없는 술자리에서 뒷담화를 하던 사람이 다음 날 동료 직원이 보는 앞에서 대놓고 상사에게 아부성 발언을 한다면 어떻게 되겠는가? 물론 우리 주변에 실제로 이렇게 아부를 하는 사람들이 많다. 그 아부가 통할 때도 있다. 하지만 동료들에게 눈총을 받을 뿐만 아니라 언젠가는 밑천이 드러나서 한계를 보이기 마련이다.

그러나 공개적으로 하는 아부는 동료들에게도 떳떳하기 때문에 그 진심을 더욱 인정받을 수 있다.

강호동은 바로 이런 아부를 하고 있는 것이다. 공개적으로 하는 아부는 문제될 것이 없다. 누가 공개적으로 아부를 할 수 있겠나? 그것은 진심으로 하는 아부이기에 전혀 문제될 것이 없다.

2010년 SBS 연예대상 수상소감에 담겨 있는

강호동식 아부의 기술

나는 단언코 강호동이 최고의 자리에 오를 수 있었던 것은 강호동식 아부의 기술에 있다고 본다. 그가 2010년 SBS 연예대상을 수상할 때 했던 수상소감문에 그 정신이 그대로 담겨져 있어 여기에 전문을 소개해 본다.

대한민국 당대 최고의 스타들이 여기 계신데, 오늘, 부족한 제가, 가장 마지막에 상을 받는 거 보니까, 이 순간만큼은 호동이가 스타킹이 된 것 같습니다. 부족한 저에게 과분한, 그리고 넘치는 사랑을 주시는 것 같아서, 하루하루 강심장이 되어 가는 것 같습니다. 이 상은 시청자 여러분이 주시는 상입니다. SBS 예능을 사랑해주시는 시청자 여러분께 감사의 말씀 드립니다.

호동이는, 제가 볼 때 운이 좋은 사람 같습니다. 왜냐하면 대한민국 최고의 연출진과 일하기 때문이죠. 국민이 주인이고, 시청자가 주인공이 되는 이 시대, 최고의 방송 스타킹을 진두지휘 하는 배성욱 PD, 그리고 매주 호동이 가슴을 뛰게 만들어 주는 박상혁 PD…. 맨 처음 이 친구를 볼 때 '아, 잘생겼다. 참, 성실하다. 오, 잘 한다. 대단하다.'라고 생각했는데, 최근에는 이 친구를 보면서 '야, 이제는 좀 무섭다'라는 생각이 드는 이승기 친구와 함께 나누고 싶습니다.

야~, 효진 씨 사랑합니다. 그리고 아들 시우가 이제 '아빠 아빠' 하면서 말귀를 조금씩 알아 들어요. 이 친구가 어디에서, 누구와, 어떠한 상황에서 방송을 보더라도 자랑스러운 방송을 만들 수 있도록 최선을 다하도록 하겠습니다.

'사랑합니다. 존경합니다.'

이보다 더 좀 멋진 말이 있으면 그 말씀을 드리고 싶은데 기억이 안 납니다. 지금 울고 계신 저희 아버님, 어머님, 장인 어른, 장모님, 사랑하고, 존경하고, 고맙습니다.

얼마 전에 이경규 선배님이 대상을 수상하셨는데 그때 이경규 선배님께서 그런 말씀을 하셨습니다.

"눈 내린 길을 한 걸음 한 걸음 내딛으면서 후배들에게 길잡이가 되고 싶다."

호동이는 시계를 보지 않았습니다. 이경규 선배님을 보았습니다. 얼마나 빨리 가느냐보다, 어느 방향으로 가느냐가 중요한 걸 알았기 때문입니다. 이경규 선배님께 이 영광을 돌리겠습니다.

호동이 역시 소리에 놀라지 않는 사자처럼 그물에 걸리지 않는 바람과 같이 무소의 뿔처럼 따라가겠습니다.

그리고 제가 방송을 하면서 많은 칭찬을 받았는데 들었던 칭찬 중에 가장 큰 찬사가 뭔지 아십니까? '유재석의 라이벌'이라는 소리를 들을 때입니다.

혼자 가면 빨리 가지만, 함께 가면 멀리 갑니다.

재석아 함께 가자!!

대한민국 예능인 여러분, 함께 갑시다. 으라차차

시청자 여러분, 새해 복 많이 받으십시오.

- 2010년 SBS 연예대상 수상소감 전문

사실 그때까지는 텔레비전을 잘 보지 않는 편이라 그가 무슨 프로그램으로 대상을 수상했는지 잘 몰랐다. 그 당시에 우연찮게 채널을 돌리다가 수상소감이 귀에 확 들어와서 '이 친구, 정말 대단한 사람이구나' 라는 생각을 갖고 귀담아 들었던 기억이 생생하다. 그래서 며칠 후에 인터넷 검색을 해서 수상소감의 전문을 듣고 보니 모골이 송연해지는 느낌을 지울 수 없었다.

그의 말 한 마디 한 마디는 주변 사람들에 대한 찬사로 이어지고 있다. 전체 동료 연예인에 대한 찬사는 누구나 할 수 있는 형식적인 말로 들릴 수 있지만, 담당 PD와 이승기, 이경규, 유재석으로 이어지는 찬사들은 평소에 자신을 2인자로 낮추며 살아온 강호동이 아니면 할 수 없는 말들이다. 그야말로 아부의 극치를 보여주는 말들이다.

"호동이는, 제가 볼 때 운이 좋은 사람 같습니다. 왜냐하면 대한민국 최고의 연출진과 일하기 때문이죠."

"맨 처음 이 친구를 볼 때 '아, 잘생겼다. 참, 성실하다. 오, 잘 한다. 대단하다.'라고 생각했는데, 최근에는 이 친구를 보면서 '야, 이제는 좀 무섭다'라는 생각이 드는 이승기 친구와 함께 나누고 싶습니다."

"호동이는 시계를 보지 않았습니다. 이경규 선배님을 보았습니다. 얼마나 빨리 가느냐보다, 어느 방향으로 가느냐가 중요한 걸 알았기 때문입니다. 이경규 선배님께 이 영광을 돌리겠습니다."

"제가 방송을 하면서 많은 칭찬을 받았는데 들었던 칭찬 중에 가장 큰 찬사가 뭔지 아십니까? '유재석의 라이벌'이라는 소리를 들을 때입니다."

아부는 칭찬의 다른 이름이다

출세와 성공의 차이는 무엇일까? 국어사전에서는 출세란 '사회적으로 높은 지위에 오르거나 유명하게 됨', 성공이란 '목적하는 바를 이룸'이라고 정의하고 있다. 사전적인 의미로 본다면 성공이란 나 혼자 마음먹기 나름인 다분히 주관적인 것이고, 출세란 주변 사람들의 인정을 받아야 하는 객관적인 것으로 볼 수 있다.

우리는 누구나 성공의 경험을 갖고 있다. 사전적 의미대로라면 이런 경험이 축적될수록 성과를 이루고, 그것이 축적되어 주변 사람들이 인정을 해 준다면 그것이 곧 출세가 된다는 것을 알 수 있다.

그런데 우리는 누구나 출세를 꿈꾸고 있으면서도, 출세라고 하면 왠지 100% 깨끗하지 않다고 생각하는 경우가 많다. 출세하기 위해서는 세상과 타협하고, 뭔가 깨끗하지 못한 부분이 있을 수 있다고 생각하기 때문이다.

"출세란 오랫동안 준비한 사람이 세상의 부름을 받고 나와 만인을 위해서 봉사의 길로 들어선 것을 말한다."

나는 어느 '출세만세' 라는 다큐멘터리에서 출세에 대해 이렇게 정의를 내리는 것을 본 적이 있다. 그때 나는 '맞아, 저것이 내가 생각하는 출세야' 라고 호응을 했다. 그러면서 현실적으로 상사에게 아부를 잘 하는 사람이 출세를 하는 것을 보면서 이것을 어떻게 받아 들여야 하나 고민을 한 적이 있다. 사람들은 아부를 나쁘다고 생각하는데, 그렇다면 어떻게 나쁜 짓을 하는 사람이 출세를 할 수 있단 말인가?

그러다 어느 순간 아부란 것이 나쁜 것만이 아닐 수 있다는 결론을 내렸다. 아부를 나만의 이익을 위해 부정한 방법으로 활용한다면 분명히 안 좋은 것이지만, 전체를 위해, 나뿐만 아니라 상사나 주위 사람들의 행복을 위해 활용할 수 있다면 아부만큼 좋은 것도 없다는 생각을 한 것이다.

"출세를 하기 위해서는 상사나 주위 사람들에게 아부를
잘해야 한다."

그 다음부터 나는 이렇게 정의를 내리고 '아부의 기술'을 강조하기 시작했다. '아부'란 내가 상사나 주위 사람들에게 베풀 수 있는 최고의 '칭찬', 또는 '예찬'이라고 역설하기 시작한 것이다.

그렇다면 아부와 칭찬의 차이는 무엇일까?

'남의 마음에 들려고 비위를 맞추면서 알랑거림'이라는 아부의 사전적 의미로 본다면 아부에는 진실성이 없다. 자신의 목적을 이루기 위해 지나치게 비굴한 모습을 보인다. 아부는 주로 아랫사람이 윗사람에게 한다. 윗사람이 아랫사람에게 아부를 할 일은 거의 없다.

이에 반해 '다른 사람의 좋고 훌륭한 점을 들어 추어주거나 높이 평가함'이라는 사전적 의미의 칭찬은 진실성이 담겨 있다. 듣는 사람의 기분을 좋게 만들어 관계를 더욱 돈독하게 한다. 칭찬은 주로 윗사람이 아랫사람에게 한다. 아랫사람이 윗사람에게 칭찬을 한다고 하면 뭔가 버릇이 없어 보인다.

이렇게 놓고 본다면 아부도 무조건 나쁘다고 볼 수만 없지 않은가? 아랫사람이 윗사람에게 하는 아부에 진심을 담는다면 이것은 칭찬의 또 다른 이름이 아니던가?

또한 현실에서 윗사람이 아랫사람에게 칭찬을 한다면 너무나 당연한 것 같아 당사자들이 이해관계를 맺고 있을 때 칭찬을 들으면 뭔가 거부감이 들 때가 있다.

'칭찬하면서 혹시 뭔가 요구하는 것이 아닌가?'

윗사람이 칭찬할 때 아랫사람은 이렇게 생각할 수 있다. 따라서 아랫사람의 입장을 생각한다면 윗사람이 대놓고 아랫사람에게 아부하는 마음으로 하는 것이 더 진실성 있게 느껴질 수 있다.

나는 여기에서 아부를 음지에만 놓고 볼 수 없다고 생각했다. 이왕이면 양지를 끌어들여 모든 사람이 윗사람을 대하는 마음으로 모든 이들에게 아부를 한다면 그만큼 원활한 소통이 이뤄지지 않을까? 뿐만 아니라 우리는 아부를 통해서 원하는 것을 쉽게 얻을 수 있고, 그렇게 맛본 성공의 결실물들을 바탕으로 좋은 의미로 출세도 할 수도 있다. 이 얼마나 좋은 아부에 대한 접근인가?

우리는 출세하기 위해서 진심을 담은 아부를 할 줄 알아야 한다. 음지에 있는 아부를 양지로 끌어 올려 출세의 발판으로 삼는 아부의 기술을 익혀야 한다.

기억나게 인사하라

나는 10년간 한국영상대 쇼핑호스트과 교수로 출강하면서 학생들을 가르쳤다. 많은 학생들이 나를 보고 인사를 한다. 하지만 내 입장에서는 참 많은 학생들의 인사를 받는 것이라 일일이 기억을 하기란 거의 불가능했다. 그런데 그 중에서 나를 만날 때마다 유독 강렬한 인사를 해서 뇌리에 새겨진 학생이 있다.

그 학생은 남들이 인사할 때 동시에 하지 않는다. 친구들의 인사가 모두 끝나기를 기다렸다가 맨 마지막에 한 템포 쉰 다음에 따로 인사를 한다. 그리고 그때 건네는 인사말도 남들이 하지 않는 말을 선택해서 내게 강렬한 메시지를 전달한다.

"교수님, 존경합니다!"

허리를 90도로 숙이며 이렇게 인사를 하니 내 입장에서는 깜짝 놀랄 만큼 오랫동안 기억에 남았다. 생각해 보니 이 방법은 내가 젊었을 때 많이 활용했던 인사법이다. 그런데 어느덧 내가 이런 인사를 받는 위치에 서고 보니 감회가 새롭기만 하다.

실제로 기말평가를 앞두고 있었던 일이다. 이벤트학과 학생 세 명이 내 강좌를 들었다. 숙제도 완벽하게 하고, 출석도 잘 하면서 아주 성실하게 수업을 들은 학생이다. 이 학생이 더욱 가관인 것은 수업 중에 2분 발표 시간을 주었을 때였다. 자기소개를 하는 자리였는데, 마지막에 나를 보고 이렇게 말했다.

"솔직히 제가 지금까지 여자 친구한테도 못했던 말이 있습니다. 그런데 처음으로 고백을 합니다. 교수님, 존경합니다. 사랑합니다."

마무리를 이렇게 짓는데 정말 어떻게 할 수가 없었다. 성적도 좋은 학생이 이렇게까지 마무리를 지으니 나는 정말 어쩔 수 없이 최고의 학점을 줄 수밖에 없었다. 그리고 얼마 후에 이 학생한테 전화가 왔다.

"시험 끝난 다음에 제대로 인사도 못 드린 것 같아서 이제라도 인사를 드립니다. 교수님, 건강하시고요, 저 2학기 수업 또 듣겠습니다. 존경합니다."

인사성이 밝은 이 학생을 어떻게 할 것인가? 무엇을 해도 잘할 학생이기에 좋게 봐줄 수밖에 없지 않은가? 모양은 비록 아부처럼 들리지만 그 속에서 진실성이 느껴지니 어찌 반하지 않을 수 있단 말인가?

"사과 먹을래, 딸기 먹을래 …… 배 먹을래?"

아이들에게 이렇게 물어 보면 대개 "배 먹을래"라고 답하는 경우가 많다. 그리고 조금 있다가 어떻게 물어 보느냐에 따라 답이 달라진다.

"배 먹을래, 딸기 먹을래, …… 사과 먹을래?"

이렇게 물으면 "사과 먹을래"라고 하는 것이다. 대개 한 템포를 딱 쉬고 마지막 말을 하면 많은 아이들은 맨 마지막에 말을 한 과일을 먹겠다고 한다. 물론 개중에는 마지막에 말하는 것을 평소에 싫어하기 때문에 다른 대답을 하는 경우도 있지만, 특별히 좋아하거나 싫어하는 과일이 없는 아이들은 거의 다 마지막 것을 말하는 것이다. 그에 비해 어른들은 좋아하고 싫어하는 과일이 분명한 경우가 많아서 아이들만큼 통계가 나오지 않지만, 어쨌든 사람들은 서로 비슷한 정보를 제공받을 때는 가장 마지막에 것을 오랫동안 기억하는 습성이 있다는 것을 알 수 있다.

인사할 때 남들과 우르르 묻어서 하는 것은 누구나 할 수 있는 일이다. 하지만 맨 마지막에 혼자서 인사를 할 수 있는 용기는 아무나 낼 수 있는 것이 아니다. 아부가 출세의 보탬이 된다는 것을 알면서도 아무나 할 수 없는 것과 마찬가지로, 남들이 하는 것을 보면 그런대로 봐줄만 한데 막상 내가 하려면 몸과 입이 뜻대로 움직이지 않는 경우가 많다.

하지만 미리 아부의 기술을 습관처럼 익혀 남들이 인사할 때 우르르 하는 것이 아니라 한 템포 쉬었다가 해서 강렬한 인상을 남기는 인사를 할 수 있다면 그 효과는 상상 그 이상이다.

"교수님, 존경합니다."

그것도 이처럼 남이 사용하지 않는 멘트를 쓰고 있으니 그 효과가 얼마나 클지 상상할 수 있을 것이다.

밥 먹듯이 하라

옛날의 대학 교수들은 잘 가르치고 인격적으로 모범을 보이면 그것으로 존경을 받으며 인기도 얻었다. 그러나 요즘은 무엇보다 취업을 잘 시켜주는 교수가 존경을 받고 인기도 얻는 경우가 많다. 물론 지금 이 시간에도 제자들의 존경과 인기를 받기 위해서가 아니라 자신이 가르친 제자를 위해 취업까지 신경을 써야 하는 것이 스승으로서 당연히 해야 할 일로 여기며 묵묵히 본분을 다하는 교수님들이 많다.

나는 제자들의 취업을 위해 엄청 신경을 썼다. 그것을 스승으로서 당연히 해야 할 도리라고 여겼기 때문이다. 기업체 관계자들을 만나면 항상 제자들을 소개해주면서 취업까지 시켜주는 경우가 많다. 그런데 그렇게 어렵게 취업을 시켜 놓고 실망하는 경우가 많은 것은 어쩔 수 없다. 제자가 취업을 했으면 잘 지내고 있는지 문자라도 보내오면 좋겠는데 그렇지 않은 경우가 제법 많다. 그나마 끝까지 연락이 없는 학생은 다행이랄 수 있을까? 연락이 없다면 대개 잘 다니고 있는 경우가 많다. 하지만 한 동안 전화도 문자도 하나 없던 제자한테 전화가 오면 나도 모르게 긴장하는 경우가 많다.

"교수님, 찾아뵙고 싶습니다."

제자가 이렇게 전화를 할 때는 거의 회사에서 안 좋은 일을 겪은 다음인 경우가 많다. 십중팔구 회사에서 해고가 된 것이다. 그동안 가끔 연락이라도 했으면 어떻게 문제를 해결해볼 텐데 뒤늦게 연락해서야 아무런 일도 해볼 수 없으니 안타까운 마음만 든다.

아쉬울 때 인사를 하는 것은 누구나 할 수 있는 일이다. 하지만 평상시 수시로 인사를 한다는 것은 쉽지 않다. 더구나 내가 잘나가고 있을 때 누군가에게 인사를 한다는 것은 더욱 어려운 일이다. 그러나 내가 출세를 하고 싶다는 인생의 목적이 뚜렷하다면 평소에 꾸준히 인사를 하는 습관을 들여야 한다. 평소에 자주 인사를 하는 사람에게 눈을 돌리지 않을 사람은 없다.

아부를 잘 하려면 평소에 자주 인사를 해야 한다.

아부는 공개적으로 하자

단 둘이 있을 때 아부를 하면 솔직히 아부를 받는 사람도 부담이 간다. 칭찬도 마찬가지다. 뭔가 흑심이 있는 것은 아닌가 불안한 경우도 있다. 그런데 사람들이 많은 곳에서 하는 아부는 진심으로 받아들일 확률이 높다.

평소에 보이는 곳에서 아부를 잘 하면 받는 사람도 그 사람의 진심을 받아들이게 된다. 프러포즈도 둘이 있을 때 속삭이듯이 하는 것보다 많은 사람들 앞에서 공개적으로 하면 받는 사람이 진심을 느끼고 더 큰 감동을 받는 것과 마찬가지다.

칭찬이나 아부는 공개적으로 보이는 곳에서 해야 한다. 그것은 예찬과 찬양의 다른 이름이다. 일반적으로 아부를 부정적으로 보는 사람들은 공개된 장소에서 칭찬이나 예찬을 하는 것도 서툴다. 물론 아랫사람한테 하는 칭찬이야 대놓고 하는 경우가 많지만, 윗사람한테 하는 예찬은 아부를 하는 것만 같아 계면쩍어서 제대로 못하는 것이다. 남의 좋은 점을 드러내놓고 말하는 습관이 들지 않아서 더욱 그렇다.

"사람은 칭찬 받고 싶어 하는 본능 때문에 유명해지고자 한다."

미국의 철학자 존 듀이의 말이다. 이 말을 그대로 받아들인다면 윗사람도 칭찬을 받고 싶어 하는 본능 때문에 공개적으로 칭찬의 다른 이름인 예찬을 받으면 기뻐할 수밖에 없다는 것을 알 수 있다. 그래서 우리는 공개적인 자리에서 윗사람에게 아낌없이 예찬을 하는 마음으로 아부를 할 필요가 있다. 진심을 담아 하는 아부라면 반드시 통하게 되어 있다.

그래서 나는 오늘도 당당하게 이렇게 외친다.

"아부는 실제로 불리한 조건이나 실제로 불리할 것을 예상하는 조건을 극복하는 좋은 방법이다."

"아부는 비용대비 효율이 좋은 성공의 도구다."

지금 노력한 부분을 살펴라

심리학자 김경일 교수는 이것을 구체적인 사례로 제시한다. 예를 든다면 이런 식이다. 몇 십 년만에 동창회가 있었다고 한다. 그곳에서 정말 오랜만에 보는 친구를 보고 이렇게 말했다고 한다.

"너 아직도 녹색 브라우스를 좋아하는구나?"

그러자 그 친구가 반색을 하며 기뻐하더라는 것이다. 오죽하면 그 정도가 심해서 오버하는 것이 아닌가 싶을 정도였다고 한다.

"어머, 너 아직도 내가 녹색 브라우스를 좋아한다는 걸 기억하고 있구나. 대단하다. 몇 십 년을 함께 하는 남편도 모르는 것을 기억해주니 정말 고맙다. 친구야."

어디 여자친구뿐이겠는가? 실제로 우리는 내가 좋아하는 것을 기억해 주는 이에게 호감을 갖기 마련이다.

공감은 소통에서 매우 중요한 덕목이다. 사람은 누군가 공감해 줄 때 동질감을 느끼고 자신의 마음을 쉽게 열어 준다. 공감 중에 가장 중요한 공감이 바로 그 시간에 노력한 행동에 대해 공감해 주는 것이다. 〈강남 스타일〉로 세계적인 스타로 발돋움한 싸이는 자신만의 소통스타일을 밝히며 다음과 같이 말했다.

"나는 오늘 아침에 노력한 것을 눈 여겨 보고, 바로 그것을 칭찬해 줍니다. 예를 들어 오늘 아침에 헤어 스타일이 바뀌었다면 바로 그 부분을 칭찬해 줍니다. '야, 헤어스타일 참 좋다.' 그러면 상대는 그에 대해 반드시 긍정적인 반응을 보이기 마련입니다. 그러니까 바로 오늘 아침 노력한 것을 칭찬할 줄 알아야 합니다. 오늘 아침 스카프가 바뀌었다면 '야, 스카프 참 잘 어울린다' 라고 해보세요. 반드시 내게 넘어오게 되어 있습니다."

류지민 씨는 25세의 어린 나이에 한국 암웨이에서 다이아몬드가 된 사람이다. 그녀는 누구 못지않게 열심히 사업을 해서 최단 기간에 다이아몬드가 되는 영예를 누렸고, 그것으로 수천 명이 넘는 회원들 앞에서 연설을 하게 되었다. 수많은 사람을 만나며 사업을 했어도 떨리지 않았는데, 수천 명이 넘는 사람 앞에서 연설을 하려고 하니 떨리는 마음을 달랠 수 없었다고 했다. 그러면서 어떻게 하면 잘할 수 있겠느냐며 나를 찾아와 고민을 털어 놓았다. 나는 이렇게 조언했다.

"제일 먼저 진심 어린 마음으로 감사의 마음을 전했으면 하네. 그 사람들이 있었기에 최연소 다이아몬드의 영예도 있을 수 있었잖아. 그 다음에 그날 강의장에서 느꼈던 한 가지를 공개적으로 칭찬을 했으면 해. 대중을 향해 가장 싱싱한 칭찬을 하는 것이지. 그들이 바로 그 순간에 노력한 부분을 칭찬해 보는 거야."

그 자리에서 느꼈던 긍정적인 부분을 짚어서 구체적으로 칭찬하라고 조언해 준 것이다. 발표가 끝난 다음에 그는 흥분한 상태로 상황을 알려줬다. 그날 그 자리에서 있었던 일을 칭찬하고 시작하니까 떨리는 마음도 덜했고, 그래서인지 강연이 끝난 다음에 우레와 같은 박수갈채를 받았다고 한다. 덕분에 좋은 경험을 해서 감사하다는 인사도 빼놓지 않았다.

상대의 마음을 얻고 싶으면 지금 노력한 부분에 공감하고 칭찬하는 노력을 기울여라. 설사 오늘 아침 노력한 헤어스타일이, 스카프 색깔이 마음에 들지 않더라고 그것은 어디까지나 내 생각이다. 상대가 그렇게까지 하기 위해 노력했을 마음을 생각해서 무조건 그 부분에 공감하고 칭찬하는 노력을 기울여 봐라. 상대의 마음을 얻는 가장 확실한 방법을 터득하게 될 것이다.

따라 하라

"무엇을 드시겠습니까?"

"설렁탕이요."

"예, 좋습니다. 여기 설렁탕 둘이요."

식당에서 식사를 할 때 무조건 상대에게 맞춰주는 사람이 있다. 상대와 공감대를 형성하려는 노력을 기울이는 사람이다. 이에 반해 음식점에서 호불호가 분명한 이가 있다. 상대가 설렁탕을 시킬 때 "나는 설렁탕이 느끼해서 싫다"며 단호하게 자기 입맛에 맞는 음식을 시키는 이가 있다.

생각해 보자. 여러분이 두 사람을 상대하게 된다면 누구에게 더 마음을 주겠는가? 어쩌다 밥 먹을 기회가 생긴다면 누구하고 먼저 밥을 먹을 자리를 만들겠는가?

성공한 사람은 자신을 내세우지 않듯이 자신의 것을 고집하지 않는다. 상대가 오렌지색을 좋아하면 오렌지색에 맞출 줄 알고, 상대가 우동을 좋아하면 얼른 우동에 입맛을 맞춰 공감할 줄 안다.

"나는 우동을 싫어하는데 어쩌죠?"

원활한 소통을 위해 상대를 따라할 줄 알아야 한다고 할 때 이렇게 반문하는 이가 있다. 우동이 싫다면 어쩌겠는가? 자기가 먹고 싶은 것을 먹어야지. 하지만 음식맛 하나 맞추지 못하는 그 마음으로 상대와 얼마나 소통을 할 수 있을지는 순전히 본인의 선택이다. 하지만 상대는 음식맛 하나 맞춰주기 위해 노력하는 사람에게 더 호감을 갖고, 더 쉽게 마음을 열어준다는 것만큼은 분명히 알아야 한다.

헤아리고 또 헤아려라

박찬석 전 경북대 총장의 이야기가 인터넷을 후끈 달궜던 적이 있었다. 그는 중학교 1학년 때 경남 산청에 사시는 가난한 아버지의 배려로 대구로 유학을 갔는데, 공부를 하기 싫어서 전교 68명 명에 68등을 했다. 그래도 차마 시골집에서 고생하시는 부모님께 실망을 끼쳐 드릴 수 없어 성적표를 1등으로 위조해 갖다 드렸더니 이것을 사실로 아신 아버지가 그때 집안의 유일한 재산이었던 돼지를 잡아 동네잔치까지 벌였다. 그는 아버님께 너무 죄스러워 이를 악물고 공부해서 성적을 올렸고, 그 덕분에 17년 후 대학교수가 될 수 있었다. 그리고 당신의 아들이 중학교에 입학할 때 아버님께 옛날이야기를 떠올리며 사죄를 드리려고 했다.

"아버지, 저 중학교 1학년 때 1등은 사실은요…."

그러자 담배를 피우시던 아버지는 근엄한 표정으로 말을 끊으며 이렇게 말씀하셨다.

"알고 있었다. 그만 해라. 네 아들이 듣는다."

아버지는 옛날에 이미 그 사실을 알고도 유일한 재산인 돼지까지 잡아 마을 잔치를 벌여 주었던 것이다. 아버지의 한량없는 사랑이 아들을 훌륭하게 자랄 수 있도록 이끌어 준 것이다.

자식을 무조건 감싸는 것은 물론 좋은 방법이 아니다. 하지만 자녀와 올바른 소통을 위해서는 알면서도 일부러 모르는 척 봐줘야 할 때가 있다. 물론 중요한 것은 아이를 얼마나 진정성 있게 대하느냐는 것이다.

박찬석 전 총장님의 이야기에서 자식의 잘못을 무조건 감싸준 아버지의 행동만 봐서는 안 된다. 자칫 행동만 따라 했다가는 천하에 버르장머리 없고, 막돼먹은 자식을 만들 수 있다. 자식의 잘못을 감싸준 행위만 볼 것이 아니라, 아이의 모든 것을 다 알고서 지금 내 아이에게 필요한 것이 무엇인지 적절한 방법을 취한 아버지의 지혜를 봐야 한다. 아들 앞에서 아버지의 권위와 체면을 지켜주려는 아버지의 마음을 통해 오로지 헤아리고 헤아리는 마음을 챙겨봐야 한다.

꾸준히 하라

Self leadership

냄비 NO! 가마솥 OK!

"빨리! 빨리!"

"냄비 근성이 있다."

우리 나라 사람들의 근성을 표현하는 말들이다. 이 말은 너무 쉽게 끓었다가 너무 쉽게 식어 버리는 냄비와 같은 근성을 가졌다는 뜻을 담고 있다. 물론 지금은 "빨리! 빨리!"가 국제경쟁력을 갖추는데 장점으로 작용한다고 강조하는 이들도 있지만, '냄비 근성'이라는 말은 분명히 우리의 민족성을 비하하는 뜻을 담고 있다.

나는 중국 홈쇼핑을 통해서 우리나라 사람이 정말 급한 성격을 갖고 있다는 것을 확인했다. 실제로 우리나라에서 홈쇼핑을 할 때는 방송을 시작하자마자 주문전화가 밀려온다. 그리고 방송이 끝나면 언제 그랬냐는 듯이 금방 주문전화도 끊어져 버린다. 우리나라에서는 방송 중에 주문전화를 받지 못하면 사실상 실패한 방송이라고 할 수 있다. 따라서 방송할 때 어떻게든지 구매를 유도하기 위해 모든 열정을 쏟아 붓는다.

하지만 중국은 다르다. 중국 홈쇼핑에 진출했을 때의 일이다. 2004년 이전까지 중국은 홈쇼핑의 불모지였다. 그때 중국에서 홈쇼핑에 관심을 가지고 있던 분들이 나한테 기술을 배우고자 했던 것이다. 그래서 우리나라에서 하던 대로 열심히 가르쳤고, 마침내 방송이 시작됐다.

'아, 이게 무슨 일인가?'

우리나라에서는 이렇게 하면 방송을 시작한 후 7분이 지나면 본격적으로 주문이 들어오기 시작해서 정신없이 전화벨이 울려댔는데, 중국에서는 10분이 지나도 전혀 주문이 없었다.

"교수님, 왜 주문이 없죠?"

시간이 지나도 주문이 없자 조바심이 난 제자의 안색이 파랗게 질렸다. 나 역시 이런 경험을 처음 해봤기에 망연자실할 수밖에 없었다. 방송이 끝날 때까지 전화가 없어서 이대로 실패하는가 싶어 그야말로 처참한 심정이었다.

그런데 방송이 끝날 무렵에 전화가 오기 시작했다. 그리고 주문전화는 방송이 끝난 다음 날까지 계속 이어졌다. 방송이 시작되면 전화가 오기 시작해서 방송이 끝나면 전화도 완전히 끊기는 우리나라와 다른 반응을 보인 것이다. 흔히 중국 사람들을 가리켜 만만디라고 한다. "빨리! 빨리!"와 반대되는 대륙인의 성격을 드러낸 말이다.

나는 중국인과 우리의 성격을 비교하고, 무엇이 좋고 무엇이 나쁘다고 비교할 의도는 전혀 없다. 단지 분명히 알았으면 하는 것을 밝히고 싶다. 우리는 정말 '냄비 근성'을 갖고 있다. 물론 국가경쟁이 치열한 세계화 시대에 이러한 '냄비 근성'이 신기술 개발에 앞서가는 경쟁력을 갖추게 만든 원동력이라는 말을 부정하고 싶은 생각도 없다. 단지 이런 '냄비 근성'의 좋은 점만 바라봐서는 안 된다는 것을 강조하고 싶은 것이다.

지금 우리는 너무 급하다. 무슨 일을 하더라도 빨리 결정을 봐야 한다. 강의를 들었을 때도, 좋은 책의 구절을 봤을 때도 마찬가지다.

"아, 좋아. 한번 해봐야지."

"제 마음을 울리는 감동적인 강의였습니다. 저도 말씀하신 대로 꼭 실천하겠습니다."

막상 그 순간에는 열정을 불러 일으켜 무엇이든지 할 것 같지만 하룻밤만 지나면 잊기 십상이다. 그 열정이 금방 식어 버리는 것이다. 아무리 인정하기 싫어도 우리나라 사람이라면 나 역시 이런 '냄비 근성'이 있다는 것을 인정하고, 그 단점을 고쳐나가기 위해 더욱 노력해야 한다.

소통과 설득은 사람의 마음을 얻는 일이다. 결코 단기간에 이룰 수 있는 일이 아니다. 이럴 때만큼은 적어도 만만디의 자세를 갖춰야 한다. 꾸준히 상대가 마음을 열어줄 때까지 하겠다는 마음을 가져야 한다. 꾸준함에 마음을 열지 않을 사람은 없다. 문제는 어느 순간 나도 모르게 터져 나오는 조급함, 빨리 결정을 보고 말겠다는 마음이 다 되어가는 일을 망쳐놓는 경우가 많다는 것을 알아야 한다.

낙수가 뚫지 못하는 바위는 없다

나와 함께 '영업의 신'이라는 팟빵을 운영하는 정상윤 대표의 경험담이다. 어느 날 학교 후배라는 사람한테 상품을 사 달라고 전화가 왔다고 한다. 꼭 필요한 것도 아니고 생각보다 비싸길래 그냥 형식적으로 "다음에 기회가 되면 사겠다"고 했다고 한다. 그 런데 이 후배는 끈질기고 넉살좋게 대꾸했다고 한다.

"선배님, 그러면 나중에 또 연락드리겠습니다."

그리고 깜빡 잊고 있었는데 정확하게 일 년 후에 또 전화가 왔다고 한다.

"선배님, 이제는 사주실 거죠?"

이번에도 핑계를 댔더니 알았다고 끊었더니, 또 일 년 후에 정확히 전화가 왔다고 한다. 그렇게 서너 번 핑계를 댔더니, 나중에는 미안한 생각이 들더라는 것이다. 그래서 4년쯤 되던 해에 마침 조카가 외국 유학을 갈 때 필요하겠다 싶어 후배가 권하는 상품을 구입했다고 한다.

그때 만나서 이야기를 나누다 보니 이것은 후배의 영업전략이었다고 했다. 그는 고객명단을 확보해 놓고, 정확히 똑같은 날짜에 일 년에 한 번씩 전화를 하곤 했는데, 웬만한 사람이라면 6~7년 쯤 지나면 거의 다 상품을 구입해 주었다고 한다. 낙수에 바위가 뚫어지는 이치를 영업에 적용해서 꾸준함을 실천한 결과다.

나는 성균관대학교 회계학과에 재학 중일 때 겨울방학을 이용해 결산공고 아르바이트를 했다. 지금은 없어졌지만 그 당시에는 중소기업체에서 연말 결산공고를 해야 했다. 기업체에서는 일을 대학생 아르바이트생들에게 맡기는 것이 관행이었다. 그래서 아르바이트를 전문적으로 대행해주는 곳도 많이 있었다. 연말 결산이라 겨울 방학 두 달 정도 집중할 수 있는 일감이었지만 학생들이 워낙 많이 몰리다 보니 대행업체에서는 기본급도 없이 무작정 많은 학생들을 모집하기만 했다. 말 그대로 실적을 한 건도 올리지 못하면 한 푼도 벌지 못하는 완전 수당제로 대행업체에서는 학생이 중간에 그만 둔다고 하더라도 손해볼 것이 하나도 없는 구조였다.

나는 처음에 아무 것도 모르고 일한 만큼 돈을 준다기에 무작정 한 삼 일 동안 일감을 구하기 위해 기업체를 찾아 열심히 돌아다녀 보았다. 일은 정말 쉽지 않았다. 무엇보다 사무실 문을 열고 들어가기 무섭게 아르바이트생인 것을 알아 챈 사람들한테 문전박대를 당하기 일쑤였다.

그렇게 며칠 돌아다니다가 나는 이대로는 안 되겠다 싶어서 생각을 바꿨다. 똑같은 영업을 하더라도 나만의 방식을 찾아 보자고 아이디어를 떠올리다가 결단을 내린 것이다. 아무리 생각해도 남들하고 똑같은 방식으로 기업체를 찾아 다니다가 문전박대를 당하고, 그러면 일에 지쳐 중간에 그만 두는 과정을 그대로 밟을 것만 같았다.

그래서 생각없이 무작정 기업체를 돌아다니는 것이 아니라 전략적으로 코스를 정해서 하루에 한 군데씩 똑같은 시간에 방문하자는 계획을 세웠다. 매일 똑같은 시간에 찾아 가면 그들이 나를 잘 기억할 것이라는 생각을 한 것이다.

나는 그 다음부터 당장 실행에 옮겼다. 문전박대를 이겨내기 위해 당당하게 다짜고짜 문을 열고 들어가기가 무섭게 큰 소리로 사무실이 울려 퍼질 정도로 인사를 했다.

"안녕하십니까? 저는 결산공고 아르바이트를 하는 김효석입니다."

내가 이렇게 당당하게 들어가서 큰소리로 인사를 하니까 아무도 문전박대를 하지 못했다. 그 전에는 문을 열고 들어가기가 무섭게 앞을 가로막고, 지금은 바쁘니까 나가달라던 사람도 그만 넋을 놓고 나를 바라보기 시작했다.

그렇게 사무실 문을 열고 들어선 나는 더욱 당당하게 사무실 안쪽에 있는 금고가 있는 자리로 다가갔다. 그 당시에는 인터넷이 발달해 있지 않아서 온라인을 활용하지 못하던 시절이었다. 그래서 사무실에 금고를 두고 현금을 관리했는데, 나는 그 금고를 관리하는 사람이 그 회사에 사장이거나 자금을 관리하는 경리부장이라는 것을 잘 알고 있었다. 즉 아르바이트 학생을 쓰는 결정권을 가진 사람은 사무실 안쪽에 금고 곁에 있는 사람이라는 것을 알고 어떻게든지 그 사람들한테 깊은 인상을 남기려고 한 것이다.

나는 다짜고짜 금고 곁에 있는 자리로 찾아가서 바로 명함을 내밀었다. 그리고 일부러 큰 소리로 성균관대학교 회계학과에 재학 중이라는 것을 강조했다. 내가 결산공고 아르바이트에 적격이라는 것을 강조하고자 했던 것이다. 그리고 당당하게 들어갈 때와는 달리 얼른 목소리를 부드럽게 깔며 얼른 준비해간 인사말을 건넸다.

"안녕하십니까? 저는 성대 회계학과에 재학 중인 아르바이트 학생 김효석입니다. 저는 누구보다 결산을 잘 할 수 있습니다. 결산과 관련 있는 학과에 다니고 있기 때문입니다. 믿고 맡겨 주시기 바랍니다. 잘 부탁드립니다."

내가 이렇게 하면 담당자는 어이없다는 듯이 웃으면서도 관심을 갖고 다시 한번 나를 바라 보았다. 인상 깊은 인사를 하기 시작하니까 그들 마음속에 내가 새겨지기 시작한 것이다.

물론 일은 쉽게 주어지지 않았다. 이렇게 한 마디 했다고 바로 일감을 주는 사람은 없을 것이라는 것을 나도 잘 알고 있었다. 나는 그 자리에서 바로 일감을 얻지 못했다고 결코 실망하지 않았다. 이전에는 문전박대를 당하느라 담당자 앞에 인사도 못했지 않았던가? 이제 이렇게 인사라로 할 수 있으니 어느 정도 성공을 했다고 확신했다. 따라서 바로 일감을 주지 않아도 나는 다시 한번 당당하게 인사를 하며 그 자리를 나왔다.

"바쁜 시간에 시간을 내 주셔서 감사합니다. 내일도 오늘과 똑같은 시간에 찾아 뵙겠습니다. 안녕히 계십시오."

그리고 다시 문 앞에 서서 큰소리로 사무실이 울려 퍼지도록 당당하게 인사를 하고 나왔다. 나의 작전은 그것이 끝이 아니었다. 그렇게 그냥 나온다면 재미가 없을 것만 같았다.

그때 나는 내가 그렇게 인사를 하고 나오면 사무실 안에서 나에 대해서 어쩌고 저쩌고 하는 사람이 당연히 있을 거란 것도 계산에 넣었다. 내가 특이하고 시끄럽게 인사를 하고 나왔으니 당연히 나에 대한 뒷담화가 있을 거란 생각을 한 것이다. 나는 그것을 역이용하기로 했다. 그래서 그렇게 요란스럽게 인사를 하고 나온 다음에 조금 있다가 다시 문을 열고 들어갔다. 그리고 다시 똑같은 인사를 했다.

"안녕히 계십시오, 내일 또 뵙겠습니다."

나는 이렇게 천연덕스럽게 인사를 하면서 사무실 분위기를 다시 한번 살펴 보았다. 나에 대해서 수군거리던 사람들이 얼른 정색을 하는 모습이 보였다. 나는 그 모습을 보면서 희망을 갖기 시작했다. 내가 나간 뒤에 나에 대한 관심이 사무실 안에 남겨 있다는 것을 확인할 수 있었기 때문이다.

나는 아무렇지 않게 문을 닫고 나왔다가 잠시 후에 또 한번 벌

컥 문을 열며 인사를 했다. 그러면 재차 나를 향해 어쩌고 저쩌고 하던 사람들이 깜짝 놀라는 모습이 보였다. 그러면 그 모습을 보면서 나는 재미있게 코믹한 인사를 했다.

"안녕히 계세요옹~~ 내일 또 뵙겠습니다아아~~"

이렇게 코맹맹이 소리를 하면 사무실은 웃음바다가 되었다. 강렬하게 나의 존재를 인식시키는데 성공한 것이다. 다음 날도 똑같은 시간에 어제 다녔던 기업체를 찾아갔다. 그러자 내가 들어서기만 하면 사무실 사람들이 나를 보고 웃는 모습이 보였다. 아무 거리낌 없이 금고가 있는 사무실 안쪽을 드나들 수 있었다. 그리고 아주 편안하게 명함을 내밀고 인사를 드리는 기회도 갖게 되었다. 그렇게 한 달쯤 지나니까 한 기업체의 경리부장이 나에게 관심을 보였다.

"내가 여기서 십 년 정도 근무했는데, 자네 같은 학생은 처음 봤네. 지금까지 수많은 아르바이트 학생이 오는데 자네만은 매일 똑같은 시간에 오더구만."

그 동안 공을 들였더니 경리부장 중에 한 분이 나를 좋게 기억

Self leadership 귀마지 소통법

했던 것에 대한 소회를 밝히기 시작했다. 내가 그동안 똑같은 시간에 꾸준히, 인상을 남기는 인사를 하자고 계획한 대로 먹혀 들어가는 시점이었다.

아르바이트를 통해 새 일거리를 찾는 것은 그동안 기존 거래처를 갖고 있는 경리부장의 마음을 움직여야만 가능한 일이었다. 조금만 입장을 바꿔 본다면 기존 거래처를 갖고 있는 곳에서 웬만한 이유가 아니면 새 거래처로 갈아 타기란 쉽지 않다는 것을 알 수 있다. 따라서 경리부장의 마음을 움직이게 만들기 위해서는 그만한 노력이 필요하다는 것도 나는 잘 알고 있었다.

그래서 그동안 고생을 무릅쓰고 꾸준히 찾아 다닌 것이다. 이제 경리부장이 나에게 이런 반응을 보였다는 것은 어느 정도 마음이 움직이기 시작했다는 것이다.

나는 속으로 쾌재를 불렀다. 이제 경리부장의 마음을 확실하게 움직여 나에게 일거리를 주게 만드는 것은 시간문제라는 것을 직감했기 때문이다. 무슨 일이든지 꾸준하게 하면 사람의 마음을 움직이는 것은 시간문제라는 확신을 갖게 된 계기를 마련해 준 경험이기도 하다.

"학생, 이리 와 봐. 그동안 쭉 지켜봤는데 예의 바르고 꾸준하고, 성실한 모습이 보기 좋아 일 좀 맡겨 보려고 하는데 잘 할 수 있겠어?"

"예, 맡겨만 주십시오. 최고로 모셔드리겠습니다."

마침내 첫 일거리가 들어왔을 때 나는 뛸 듯이 기뻤다. 일거리를 주는 경리부장 앞에서 기쁜 표정을 감추지 않고 그대로 보여드렸다. 그리고 일감을 받자마자 아르바이트 사무실로 뛰어 갔다. 일반적으로 일을 받으면 다음 날까지 결산공고 초안을 잡고, 다시 가져와서 수정을 보고 나면, 그때 신문에 결산공고를 싣게 되는 것이다. 아무리 못 잡아도 사흘이 걸리는 일이었다.

그런데 나는 첫 일감이 주어지자마자 뛰어 다니며 그날 저녁으로 일을 마쳤다. 회계학과에 다닌 보람이 있어서 결산공고를 할 때 필요한 한자도 잘 알았기에 일하는 것은 전혀 어렵지 않았다.

내가 오전에 받은 일을 가지고 사무실에 뛰어가서 서둘러 일을 마치고, 오후에 수정지를 뽑아서 일을 맡긴 경리부장님한테 다시 달려가니까 정말 놀라는 표정을 지었다. 그날 오후에 수정지를 점검 받고 저녁에 사무실로 달려가서 결산공고를 하는 신문사에 서류를 넘겼다. 다음 날 아침 일찍 나는 신문이 나오기 무섭게 결산공고가 난 신문을 챙겨가지고 거래처 사무실을 찾아 갔다. 어제 오전에 준 일이 다음날 신문에 나오니까 일을 맡긴 경리부장이 흡족한 표정을 지으며 나를 보고 말했다.

"정말 대단하구만. 내가 사람을 잘못 보지는 않았어. 학생, 내가 몇 군데 소개해 줄 테니까 잘 할 수 있겠어?"
"예, 감사합니다. 항상 최고로 모시겠습니다."

내 말을 들은 경리부장은 그 자리에서 몇 군데 전화를 걸어 주었다.
"내가 아는 물건 하나가 있는데, 일 좀 맡겨 보지 그래. 사람은 내가 보증하지. 일도 정말 똑 부러지게 하는 학생이니까 믿어 보게."

그렇게 몇 군데 소개를 받으며 그때부터 일이 많이 들어오기 시작했다. 그동안 내가 꾸준히 찾아 다녔던 곳에서도 일을 맡기겠다고 전화가 오기 시작했다. 그 당시에는 핸드폰이 없던 시절이라 나는 수시로 사무실로 전화를 걸어서 내게 들어온 일거리를 확인하고, 얼른 그 사무실로 달려갔다. 그렇게 일이 들어올 때마다 신바람이 나서 힘든 줄도 모르고 정말 열심히 뛰어다녔다.

그때 나는 정말 행복했다.

그 당시 한 학기 등록금이 60만 원 정도였다. 대졸 초임이 한 30만 원 할 때였다. 그때 그렇게 열심히 일한 덕분에 나는 두 달 만에 200만 원을 벌었다. 한 학기 등록금의 세 배 이상을 번 것이니까 지금 등록금에 견주어 본다면 1,800만 원 정도를 번 것이다. 내가 노력한 만큼 얻을 수 있었던 성취감은 말로 다 표현할 수 없을 정도였다.

하나만 꾸준히 해도 만 가지 힘을 얻는다

나는 강의를 시작할 때 지금은 고인이 되신 이영권 박사님을 멘토로 모시기 시작했다. 이 분은 매일 새벽 3시에 일어나 홈페이지를 관리하며 제자들의 일정을 관리해 주셨다. 이 분을 믿고 따르기만 하면 이 분과 같은 경지에 오를 것이라는 희망을 갖기 시작했다.

나는 이 분이 하는 대로 아침 시간을 관리하기 위해 나만의 약속을 정했다. 저녁에 학원을 운영하느라 새벽 3시에 일어날 자신이 없기에 시간을 좀 늦춰 5시에는 꼭 일어나기로 결심했다. 그 무렵 텔레비전 다큐 프로그램을 통해 108배가 전신운동에 효과가 있다는 것을 알았다. 비록 종교는 천주교였지만, 아침에 가장 손쉽게 할 수 있는 운동으로 108배만한 것이 없다는 생각으로 아침마다 108배를 마치고 나서 매일 이영권 박사님 홈페이지에 들어가 문안 인사를 올렸다. 문안인사라고 해서 거창한 말을 남기는 것이 아니다.

'750번째 108배를 하고 나서…'

이런 식으로 꾸준히 하루고 거르지 않고 짧게 인사를 올린 것이다. 박사님도 '굳!'이라는 식으로 아주 간단하게 댓글을 달아주셨다. 나뿐만 아니라 수많은 사람의 아침 일정을 그런 식으로 관리해 주신 것이다.

나는 이것을 박사님이 돌아가실 때까지 했다. 천 삼백일이 넘어가도록 하루도 빠지지 않고 했다. 그 과정에서 나는 아주 큰 힘을 얻었다. 이영권 박사님의 마음을 얻어 박사님의 추천으로 'MBC TV특강'이라는 방송에 나간 것은 말할 것도 없고, 무엇보다 내가 매일 아침 무엇인가를 꾸준히 해냈다는 강한 자부심을 얻었다. 이런 마음으로 하면 세상에 못할 일이 없겠다는 높은 자존감을 얻었다.

나는 교수님을 본받아 제자들에게 그대로 가르쳤다. 지금은 홈페이지가 개편되면서 중단했지만 6년간 꾸준히 제자들의 아침시간을 관리해 주었다. 제자들의 시간관리 방법은 의외로 간단하다. 아침에 기상과 동시에 바로 학원 홈페이지에 들어오게 한다. 그러면 학생이 홈페이지에 들어옴과 동시에 자신의 달력에 기상시간이 찍힌다. 7시 이전에 들어오면 'GOOD', 그 이후에는 'BAD'가 뜬다. 학생 스스로 자신의 아침 시간 관리를 점검하게 한 것이다.

"천재는 노력하는 사람을 이길 수 없고, 노력하는 사람은
즐기는 사람을 이길 수 없다."

어디선가 많이 들어본 말일 것이다. 하지만 나는 여기에 하나를 더 붙이고 있다. 그것은 바로 꾸준한 사람이다. 그래서 이 말을 이렇게 변형해서 쓰고 있다.

"천재는 노력하는 사람을 이길 수 없고, 노력하는 사람은
즐기는 사람을 이길 수 없고, 즐기는 사람이라도 꾸준한
사람을 이길 수는 없다."

Self leadership 귀마지 소통법

요즘은 오디오북을 9년째 매주 녹음하고 있다. 좋은 책을 선별해서 오디오북으로 만들어 많은 이들에게 선물하는 것이다. 처음에는 큰 반응을 보이지 않았는데, 꾸준히 하고 있으니까 출판사에서 감사의 답장을 보내주거나 책을 협찬해주기도 한다. 물론 내원칙은 어떤 책이라도 좋은 점을 부각시켜 꾸준히 하자는 것이었다. 그것이 출판사 사장님들의 마음을 산 것이다.

지금은 어느덧 '책 파는 남자 김효석'이라는 브랜드가 생겼다. 이 세상에 그 어떤 것도 꾸준함을 이기는 것은 없다는 것을 수시로 경험하고 있다. 팟캐스트 '책 파는 남자 김효석'을 검색하면 매일 10분씩 나의 오디오북을 들을 수 있다.

떳떳하게 받았으면 티나게 표현하라

무재칠시는 기본이고 이왕이면

조건없이 주고 보자

PART 3

———

지갑을 열어라

_ 선물의 기술

은혜를 베푸는 자는 그것을 감추고

은혜를 입는 자는 그것을 밝혀라.

- 세네카

선물과 뇌물의 차이는

'받고 잠이 잘 오면 선물, 잠이 오지 않으면 뇌물!'

'남들이 알았을 때 문제가 없으면 선물, 그렇지 않으면 뇌물!'

'다른 직위에 있어도 받을 수 있으면 선물, 그렇지 않으면 뇌물!'

김영란법으로 한국사회가 시끌벅적하다. 때맞춰 대한상공회의소가 선물과 뇌물의 차이를 발표했다. 그런데 좀 미흡한 면이 있다. 아주 뻔뻔한 사람들은 뇌물을 받고도 잠만 잘 잔다. 이 문제를 어떻게 해결할 것인가? 그래서 나는 아주 단순하게 이렇게 정의하고 싶다.

'고마운 마음이 담긴 것은 선물, 고마울 일을 만들어 달라는 것은 뇌물!'

그러나 내 말은 곧 모순에 빠진다는 것을 안다. 이렇게 선물과 뇌물을 구분한다면 설득을 위해서 미리 베푸는 호의도 뇌물이란 말인가?

그런 점에서 김영란법에서 49,999원까지는 선물이고, 50,000원은 뇌물로 정해 버린 것이 합리적일지 모르겠다. 적어도 뇌물 때문에 생기는 문제는 법으로 분명히 해결할 수 있기 때문이다.

선물은 반찬 선(膳)자와 만물 물(物)자로 이뤄졌다. 여기서 선(膳)자는 좋은 부위로 만들어진 고기(肉→月)를 뜻한다. 옛날에 중요하고 좋은 일은 바로 제사였다. 그러므로 선은 '제사 때 쓰는 신선하고 좋은 고기'를 말했다. 고기를 쉽게 접할 수 없었던 당시엔 제사 후 그 고기를 물에 푹 고아 귀천에 관계없이 골고루 나누어 먹었는데 그것이 설렁탕의 유래라고 한다.

선물은 '남에게 어떤 물건 따위를 선사하는 행위 또는 그 물품'을 가리키며, 좋은 선물은 자신이 혼자 독차지하는 것이 아니라 주변 사람들과 나누는 것이라고 할 수 있다.

선물의 유래에 대해서는 많은 설이 있다. 널리 알려진 것은 부족 간의 전쟁을 피하기 위한 방편으로 생겼다는 설이다. 인간이 생존하는데 꼭 필요한 물품인 소금은 산간 지방에 매우 귀한 물건이었다. 그래서 산간지역 사람들은 소금이 흔한 해변 마을에 쳐들어가서 약탈을 해오곤 했다.

약탈은 부족의 희생이라는 혹독한 대가를 치러야 했다. 그러자 전쟁으로 상호간 피해를 입은 부족들이 협상을 시작했고, 그때 자연스럽게 물물교환이 이뤄지기 시작했다. 즉 산간 마을에 남아도는 가죽과 해안 지방에 남아도는 소금을 맞교환하는 협상이 이뤄진 것이다. 처음에는 물물교환으로 이뤄졌지만, 그것이 좀 더 발달된 기술로 상대에게 먼저 제공하는 '선물'이라는 양식으로 발전했을 것이라는 설이다.

세계 어느 곳이든 인간이 생활하는 곳은 '선물'을 주고 받는다. 우리 선조들도 경사스러운 날에는 개인 간에 선물을 주고받았으며, 백성은 임금에게 진상이라는 형식으로, 국가 간에는 사신을 통해 선물을 챙기기 시작했다.

그런데 어느 순간 '선물'이 '뇌물'로 쓰이기 시작했다. 선물과 뇌물의 정확한 구분은 영원히 어려운 숙제지만, 이런 식의 정의도 필요하다고 본다.

'받은 사람이 떳떳하게 자랑할 수 있으면 선물, 숨기고 싶으면

뇌물!'

　'나만 챙기려 들면 뇌물, 주변 사람과 공개적으로 나누게 되면
선물!'

　'주는 사람이 부담스러워 하며 줘야 하면 뇌물, 기쁜 마음으로
제공하면 선물!'

떳떳하게 받았으면
티 나게 표현하라

— Self leadership

내게는 선물하면 아픈 기억이 있다. 지금은 분당 덕분에 부촌이 되었지만 초등학교 시절에 내가 살던 성남은 변두리 시골이나 다름없었다. 그때 나는 아버지가 극장을 운영한 덕분에 학교에서 친구들에게 제법 주목받는 학생이었다.

당시 어린이 만화영화인 '마루치 아라치', '로봇 태권브이'를 극장에서 상영했을 때 나는 친구들에게 공짜로 보여주었다. 그 곳에서 어머니가 매점을 경영했기에 연양갱, 오징어 같은 주전부리도 공짜로 제공했다.

이런 것들은 내가 친구들에게 줄 수 있는 일종의 선물이었다. 그때 나는 당연히 자신감이 넘쳤고 친구들에게 인기가 있어 학교생활도 즐거웠다.

그러다 당시 대단했던 교육열에서 벗어나지 못한 부모님의 욕심으로 나는 초등학교 4학년 때 강남으로 전학을 갔다. 강남 8학군은 내로라하는 자제들이 다니는 곳이었다.

나는 문화적인 충격에 빠졌다. 난생 처음 생일파티에 초대를 받았다. 성남에 살 때는 생일파티라는 것이 없었기에 생일 선물을 주고받은 적이 없어 무슨 선물을 해야 하는지 몰랐다. 그래서 그때 내가 쓰는 물건 중에 제일 아끼는 주판(당시는 주산학원 다니는 것이 자랑이었고 고급 주판은 꽤 가격이 나갔다)을 정성스럽게 포장해서 가지고 갔다. 생일파티가 무르익었을 무렵에 생일의 주인공이 선물을 개봉했다.

"우하하하."

내 선물의 포장지를 뜯는 순간 폭소가 터져 나왔다. 그리고 그 친구는 얼굴을 일그러트리며 말까지 더듬었다.

"너, 효석아… 이거 주판이구나, 고마워."

촌스러운 포장지에 손때 묻은 주판을 보고 당황해 했던 친구의 표정을 나는 지금도 잊을 수가 없다.

"야, 무슨 선물을 쓰던 것을 가져 오냐?"

"효석이는 돈이 없니?"

나는 쥐구멍이라도 들어가고 싶었다. 그 이후로 나는 생일파티에 가지 않았고, 나 또한 한 번도 생일파티를 열지 않았다. 그 트

라우마 때문인가? 지금도 생일이 되면 조용히 몰래 지나가기를
바라곤 한다.

그 아픈 기억은 내게 크게 두 가지 교훈을 줬다.

첫째는 선물이라면 주는 사람이 아닌 받는 사람을 생각해야
한다는 것이었다. 내가 가지고 있는 것 중에서 필요 없는 것을 주
거나, 아무리 내가 가장 소중하게 생각하는 것을 주더라도 상대의
입장을 생각하지 않으면 차라리 선물을 하지 않은 것만도 못한
결과를 가져올 수 있다는 것을 확실하게 알 수 있었다.

둘째는 어떤 선물을 받든지 조금은 과하게 표현해서, 내게 선
물을 준 사람을 기쁘게 해줘야 한다는 것이다. 선물은 주는 자세
도 중요하지만, 받는 자세도 그 못지않게 중요하다는 것을 알았
다. 그래서 선물을 받을 때는 과하게 표현하는 버릇을 들이기 시
작했다.

방법은 간단하다. 직접 받았을 때는 앞에서 뜯어봐도 되냐고
물어본다. 우리는 선물을 주었을 때 즉석에서 개봉하는 것을 싫어
하는 사람도 있기에 꼭 양해를 구해야 한다. 개봉해도 된다고 하
면 즉석에서 꺼내 착용하거나 섭취함으로써 멋과 맛을 음미하고
과시해 주면서 선물 때문에 정말 기분 좋다는 표현을 몇 번이고

반복해 준다. 앞에서 개봉하지 말라고 했을 때는 집에 갖고 와서 개봉하고 착용한 사진을 찍어 메시지로 보내서 감사의 인사를 전한다.

선물을 택배로 받았을 때도 마찬가지다. 직접 전화하는 경우도 있지만 통화가 안 됐을 경우에는 타이밍을 놓칠 수 있어서 빠른 시간 내에 잘 받았으며, 배송상태가 좋았다는 것을 SNS로 알려주곤 한다. 넥타이나 셔츠 같은 것은 착용한 사진을, 식품인 경우는 맛있게 먹는 장면을 사진이나 동영상으로 찍어 감사의 인사와 함께 발송한다.

무재칠시는 기본이고
이왕이면…
— *Self leadership*

로버트 기요사키는 자신의 저서인 『부자 아빠, 가난한 아빠』라는 책의 뒷부분에서 부자가 부자가 될 수밖에 없고, 가난한 사람이 가난할 수밖에 없는 이유를 다음과 같이 설명한다.

"부자는 먼저 베풀 줄 안다. 그런데 가난한 사람은 나중에 부자가 된다면 베풀 수 있지만 지금은 내가 베풀 것이 없어서 베풀 수 없다고 한다. 이것은 마치 한겨울에 난로의 온기를 원하는 사람이 '난로야, 내가 먼저 땔감을 줄 테니 온기를 달라' 고 하는 사람과 '난로야, 네가 먼저 온기를 준다면 내가 힘을 얻어서 땔감을 줄 테니 알아서 하라' 고 하는 사람의 행동과 다를 것이 없다."

난로의 온기를 얻기 위해서 먼저 땔감을 주어야 한다는 사실은 누구나 잘 알고 있다. 마찬가지로 내가 돈을 벌고 싶다면 먼저 베풀어야 한다는 것도 모르는 사람은 없다. 하지만 정작 행동으로 옮겨야 할 때는 『부자 아빠, 가난한 아빠』에 나오는 가난한 아빠처럼 자기 합리화를 하거나 궁상을 떨어가며 자신의 욕심만 앞세우는 사람이 많다.

"정말 나는 돈이 없어서 선물할 것이 없는데…."

선물을 하면 좋아한다는 것을 알면서도 정말 돈이 없어서 이렇게 생각하는 이도 있을 것이다. 그러나 걱정할 필요가 없다. 이런 이들을 위해 성인들은 돈이 없어도 베푸는 것이 있다고 일깨워 주고 있다.

불교에서는 그것을 재물 없이 베풀 수 있는 일곱 가지 선물이라고 해서 무재칠시(無財七施)라 한다. 첫째는 마음을 다하여 정성으로 베푸는 것이고, 둘째는 몸으로 상대가 원하는 것을 해주는 것이고, 셋째는 따뜻한 눈길로 마음을 편안하게 해주는 것이고, 넷째는 다정한 말씨로 상대를 격려해서 힘을 주는 것이고, 다섯째는 온화하고 밝은 얼굴로 상대를 기쁘게 해주는 것이고, 여섯째는 힘들어 하는 이를 위해 기꺼이 자리를 양보해주는 것이고, 일곱째는 상대가 편하게 휴식을 취할 수 있도록 배려해주는 것이다.

어찌 보면 쉬운 일이지만 인색한 사람은 정말 하기 어려운 일이다. 웃어주는 것이 좋다는 것을 알면서도 무뚝뚝한 사람들을 보면 쉽게 이해가 될 것이다. 따라서 정말 돈이 없어 선물할 것이 없다면 먼저 무재칠시부터 실천해 보는 것이 좋다.

"물질이 뭐 중요한가? 마음이 중요하지."

그런데 우리 주변에는 이렇게 무재칠시라는 말을 잘못 사용하는 사람이 있다. 이렇게 말하는 사람일수록 마음도 인색한 경우가 많다. 내가 물질로 주지 않으면 상대가 어떻게 마음을 안단 말인가?

상대에게 베풀 수 있는 선물 중에 무재칠시는 기본이고, 이왕이면 물질은 좋은 것일수록 좋다. 물론 상대를 배려하지 않는다면 비싼 선물도 상대에게 부담이 될 수 있다. 선물의 가격보다 중요한 것은 상대를 배려하는 마음이다. 그런 다음에 무조건 내 지갑을 열어 상대에게 물질적으로 만족을 주는 노력을 기울여야 한다.

우리나라 사람은 공짜를 좋아하는 만큼 남에게 빚을 지는 것도 싫어한다. 그래서 누구한테 선물을 받으면 그것을 받고 그냥 입을 씻어버리는 경우는 드물다. 선물로 포장한 뇌물일 때는 그것이 드러날까 봐 감추는 경우가 있을지 몰라도, 부담 없는 선물을 받았을 때는 반드시 그에 대한 보답을 하게 되어 있다.

따라서 평소에 상대가 부담을 가지지 않을 만한 작은 선물을 꾸준히 하는 것은 매우 중요한 일이다.

또한 선물을 줄 때에는 약간의 기술이 필요하다. 설날이나 추석 같은 명절에 선물을 하는 것은 더욱 그렇다. 일반적으로 사람들은 명절에 선물을 많이 받기 때문에 간혹 무엇이 누구한테 왔는지 모르고 받는 경우도 많다. 이때 남들보다 특색 있게 정성을 더욱 들인 색다른 선물을 하면 좋지만, 사정이 여의치 않을 경우에는 차라리 남들과 차별을 두기 위해 명절이 오기 전에 미리 보내거나, 명절이 끝난 다음에 선물을 보내는 것이 더 효과를 볼 수도 있다. 더불어 남들처럼 선물만 보내는 것이 아니라 정성을 담은 편지를 써서 함께 보내면 더 좋은 효과를 얻을 수 있다.

요즘 카카오톡이라는 무료문자 서비스가 보편화되면서 명절이나 특별한 날이면 어김없이 단체톡으로 날라오는 문자가 있다. 처음에는 그런대로 효과가 있었는데, 요즘은 워낙 이런 문자가 많이 오니까 오히려 상대에게 피곤함마저 주는 경우가 많다. 물론 그것조차 안 하는 것보다 나을 수는 있지만, 그래도 과연 이것이 최선인가는 반성해 봐야 한다.

카카오톡으로 보내는 안부는 기계가 하는 일이다. 나뿐만 아니라 다른 사람도 많이 하는 방법이다. 그래서 사람들은 이런 글에 큰 관심을 갖지 않는다. 심지어 단톡은 스팸으로 간주해서 아예 읽어보지도 않는 경우가 많다.

따라서 이럴 때일수록 정성을 담은 편지에 신경을 쓸 필요가 있다. 남과 다른 방식으로 정성을 담아 손편지를 보낸다면 그만큼 상대의 마음을 잡는데 큰 효과를 발휘할 것이다.

'준다'의 미래형은 '받는다'

'조삼모사'로 배우는 선물의 기술

국어사전에서 '조삼모사'를 찾아보면 '자기의 이익을 위해 교활한 꾀를 써서 남을 속이고 놀리는 것을 이르는 말'이라고 나와 있다. 그러나 근래에 들어와서 이 말의 뜻이 새롭게 해석되고 있다는 것에 관심을 가질 필요가 있다.

일반적으로 조삼모사는 원숭이를 키우는 주인이 원숭이의 먹이를 줄이기 위해 아침에 세 개 저녁에는 네 개를 주겠다고 하자 원숭이들이 화를 냈고, 그러면 아침에 네 개 저녁에 세 개를 주겠다고 했더니 원숭이가 기뻐했다는 이야기로 전해져오고 있다.

그러나 조삼모사의 이야기가 기록되어 있는 『장자』를 보면 이 것은 전혀 다른 뜻으로 해석될 수가 있다.

먼저 주인은 원숭이를 정말 사랑하는 사람이었다. 그런데 어느 해에 흉년이 들면서 일 년 치에 들어가는 먹이를 계산해 보니 하루에 7개 이상을 주면 나중에 굶겨 죽일 수밖에 없는 상황이 발생한 것이다. 주인은 고민을 하다가 이 사실을 원숭이들에게 알리고 어쩔 수 없이 아침에 세 개, 저녁에 네 개를 줄 수밖에 없다고 했다. 그러자 원숭이들은 고민을 하다가 어차피 그럴 거면 저녁보다 아침에 네 개를 먹는 것이 더 좋으니 자신들의 요구를 들어 달라고 한 것이다.

이렇게 해석을 하고 보면 원숭이를 사랑하는 주인이 자신의 이익을 위해 교활한 꾀를 써서 원숭이를 속이기 위해 조삼모사를 제시했다는 말은 분명히 모순이 된다. 세상에 자신이 사랑하고 좋아하는 대상을 속이려는 사람이 어디에 있단 말인가?

철학자 강신주 박사는 여기에 착안해서 '조삼모사'를 장자식 소통의 기술로 설명한다. 사랑하고 좋아하는 관계일수록 자신의 생각을 강요하고, 상대의 요구를 무시하는 경우가 있는데, 그때는 원숭이 주인처럼 얼른 자신의 생각을 내려놓고 상대가 원하는 것을 바로 들어줘야 한다는 것이, 장자가 말한 조삼모사의 원래 뜻이라는 것이다.

주인 입장에서는 아침에 세 개를 주나 저녁에 네 개를 주나 똑같아서 쉽게 들어 줄 수 있을 것 같지만, 그 순간에 자신의 의견을 무시하고 "차라리 아침에 네 개, 저녁에 세 개를 달라"는 원숭이들의 요구를 들어주는 것은 결코 쉬운 일이 아니다.

이게 무슨 소리냐고 할 수 있지만, 우리의 일상에는 이런 일들이 비일비재한 것이 사실이다.

예를 든다면 이런 식이다.

부모 : 공부하고 놀자.
자녀 : 놀게 해주면 공부할게요.

자녀 : 장난감 사주면 말 잘 들을게요.
부모 : 내 말 들으면 장난감 사줄게.

남편 : 내 마음 알아주면 집에 일찍 들어올게.
아내 : 집에 일찍 들어오면 잘 해줄게.

아내 : 옆집 남편처럼 해봐. 나도 잘 해줄게.
남편 : 네가 먼저 옆집 아내처럼 해 봐. 나도 업어줄게.

Self leadership 귀마지 소통법

조삼모사는 사실 이렇게 똑같은 것을 가지고 자기주장만 고집하는 사람들에게 생각의 전환을 가르쳐주는 말이다. 아침에 세 개를 주고 저녁에 네 개를 주는 것이나, 아침에 네 개를 주고 저녁에 세 개를 주는 것은 본질적으로 다르지 않다. 단지 주고받는 상대방의 마음이 다를 뿐이다.

이와 마찬가지로 공부하고 노는 것이나, 놀고 나서 공부하는 것이 다를 수 없다. 그런데 우리는 "장난감 사주면 말을 잘 듣겠다"는 말과 "말을 잘 들으면 장난감을 사주겠다"는 말을 각자 다르게 쓰고 있다. 상대의 요구에 귀 기울이기보다 자신의 생각을 더 중요하게 여기기 때문이다.

우리 주변에는 별것도 아닌 것 때문에 감정이 상해 한 순간의 신뢰를 무너뜨리는 행동을 보이는 사람들이 많다. 특히 누구보다도 잘 알고 있는 가족 관계에서 이런 일들이 많이 벌어지고 있다. 다시는 보지 않을 것처럼 싸우는 부부싸움의 원인도 남의 입장에서 보면 정말 별 것 아닌 것이 많다. 갈등과 마찰이 끊이지 않는 부모 자식 간의 문제도 원인을 살펴보면 정말 사소한 요구 하나 제대로 들어주지 않는 것에 있음을 알 수 있다.

그것은 내가 아침에 세 개를 주겠다고 결심을 했으면 어떻게든지 관철시키려는 어리석음에 있다. 상대의 말을 잘 들어보면 "차라리 아침에 네 개를 달라"는 말이 비록 내 말을 무시한 것 같은 생각이 들더라도 본질적으로는 내 생각과 다르지 않다는 것을 알아야 하는데, 어리석은 사람들은 그것을 알아차리기가 쉽지 않다.

우리는 그동안 원숭이의 주인을 교활한 사람으로 여긴 것에 대한 성찰이 있어야 한다. 물론 주인이 악의를 갖고 그럴듯한 말로 원숭이를 속인 것이라면 마땅히 지탄을 받아야 하지만, 장자의 본뜻을 살펴본다면 조삼모사의 주인공은 우리가 본받아야 할 소통의 교과서다.

내 뜻을 이루기 위해서 무엇보다 먼저 상대의 요구를 잘 들어줄 수 있는 자세야말로 가족의 행복을 이끌어주는 '귀마지 소통법'의 핵심이기 때문이다.

적을 내편으로 만드는 요청의 힘

Self leadership

프랭클린 효과를 활용하라

벤자민 프랭클린(1706년~1790년)은 정치가로서 미국이 독립하기 전에는 식민지의 대변인으로 영국의 관리들과 토론을 벌였고, 미국이 독립 전쟁을 해야 할 때는 프랑스를 설득해서 동맹으로 만들었다. 또한 영국과 협상하는 자리에서는 13개 주를 하나의 주권 국가로 승인하도록 설득했고, 독립선언서를 작성했고, 오늘날 미국 헌법의 기초를 이뤄놓았다.

그는 문필가로서도 이름을 날렸는데 '리처드 손더스'라는 필명으로 펴낸 금언집, 『가난한 리처드의 연감』은 처세술의 교본으로도 널리 알려져 있다. 또한 그는 피뢰침, 다초점 렌즈 등을 고안해낸 발명가이기도 하다. 미국인들은 그의 업적을 기려 100달러짜리 지폐의 인물화로 그를 모시고 있다.

프랭클린은 젊었을 때 펜실베이니아 주 의회 서기로 출마했다. 선거에는 당선되었지만, 그때 상대방 후보를 지지하며 선거기간 동안 대중들 앞에서 자신을 비방하는 연설을 했던 의원과 사이가 서먹해졌다. 아침에 인사조차 제대로 주고받지 못했고, 그러다 보니 점점 관계가 틀어졌다.

"사람은 나에게 잘해 준 사람보다 누군가에게 호의를 베푼 사람에 대해 호감을 갖고 있다. 따라서 상대의 호감을 사고 싶으면 그 상대가 나에게 작은 호의라도 베풀게 하라."

프랭클린은 이 말을 믿고 그와의 관계를 개선하기 위해 그에게 편지를 보냈다. 마침 그 의원이 집에 소장하고 있는 책을 빌려 달라고, 차마 그 의원이 쉽게 거절할 수 없는 아주 사소한 부탁을 했다. 그러자 그 의원은 프랭클린에게 책을 빌려 주었고, 프랭클린은 진심 어린 마음을 담은 감사의 글과 함께 책을 돌려주었다.

이후 그 의원이 프랭클린을 대하는 태도가 달라졌다. 먼저 말을 걸어오기도 했고, 친밀감을 보이기도 했다. 자신을 비방해서 관계가 틀어졌던 사람을 프랭클린은 사소한 부탁 하나로 자신의 사람으로 만든 것이다.

Self leadership 귀마지 소통법

사람에게는 친절을 받은 사람보다 자신이 친절을 베풀었던 사람을 더 좋아하는 심리가 있는데, 프랭클린은 그것을 알고 실천함으로써 미워하는 사람까지 내 편으로 만드는 설득의 기술을 발휘한 것이다. 후세의 심리학자들은 이와 같은 현상을 '프랭클린 효과'라고 부르고 있다.

일반적으로 사람은 누군가의 사소한 부탁을 받았을 때 거절을 하면 민망한 마음을 갖기 마련이다. 그 부탁을 한 사람이 싫어하는 사람일 때는 더욱 그렇다. 정말 사소한 부탁을 거절하자니 자신이 못나 보이는 것 같고, 그렇다고 바로 들어주자니 마음이 선뜻 내키지 않는 자신이 생각해도 정말 난처한 인지부조화의 상황에 처하게 되는 것이다. 그런데 중요한 것은 이때 많은 사람들이 무의식적이든 순간적이든 자신을 합리화시키는 사고를 하게 된다.

'내가 책을 빌려주는 것은 내가 좋은 사람이고, 내가 이 사람과 좋은 관계를 맺기 위해서 빌려주는 거야.'

사소한 부탁을 들어주면서 이런 생각으로 자신의 마음을 긍정적으로 바꾸기 시작한다. 따라서 상대의 호감을 얻고 싶으면 상대에게 요청을 해봐라. 프랭클린 효과를 온몸으로 느낄 수 있을 것이다.

세상 모든 것을 얻어도

가족을 잃으면 무슨 소용이 있겠는가?

귀마지 소통법으로 가정의 행복을 지키자

Epilogue

관계를 좋게 하는 귀마지 소통법

저녁 무렵 자연스럽게 가정을 생각하는 사람은

가정의 행복을 맛보고

인생의 햇볕을 쬐는 사람이다.

그는 그 빛으로 아름다운 꽃을 피운다.

– 베히슈타인

자녀와의 관계를
좋게 하는 소통법
Self leadership

자녀는 슈퍼 甲이다

　부모가 자녀를 설득하는 것보다 어려운 일이 또 있을까? 부모의 입장이라면 아마 세상에 이보다 더 힘은 일도 없을 것이라는 말에 쉽게 고개를 끄덕일 것이다. 오죽하면 자식 이기는 부모 없다는 말까지 생겼을까?

　그 이유는 부모가 자식을 설득의 대상으로 보지 않고 훈육의 대상으로 보는 데서 기인한다. 설득은 상대를 갑으로 보고 을의 입장에서 갖은 기술을 동원하여 스스로 마음을 움직이게 만드는 것인데, 훈육은 윗사람이 아랫사람에게 품성이나 지식, 도덕 따위를 가르쳐 기른다는 뜻을 갖고 있다.

　물론 때에 따라서는 자식을 올바르게 키우기 위해 혼을 내야 할 때도 있고, 회초리를 들어야 할 때도 있어야 한다는 것을 부정하지 않는다. 그러나 훈육의 목적이 자식을 올바르게 키우는 데 있다면 아이가 스스로 마음을 일으켜 부모의 뜻에 따르게 하는 설득의 기술을 사용해야 한다.

대개 많은 부모들이 아이가 세 살이 될 때까지는 저절로 설득의 기술을 사용하고 있다.

생각해보라. 아이가 태어나면 그 순간부터 온 집안 식구는 완전히 상전 한 분을 모시는 것과 같은 체제로 돌변하지 않던가? 어느 집이건 아이가 세 살 무렵까지는 아이를 상전으로 모신다. 세상의 그 어떤 슈퍼 甲도 그런 대접을 받지 못할 정도다.

그런데 아이가 점차 자라면서 훈육의 의무를 지게 된 부모들이 어느 순간부터 아이를 자기 마음대로 부려도 되는 대상이란 착각을 하게 된다. 그래서 가르친다는 명목 아래 아이의 요구 하나를 들어 주더라도 각종 조건을 달게 된다.

"엄마 말 잘 들으면 용돈 줄게."
"공부 잘 하면 놀게 해줄게."

그러나 불행하게도 아이들은 어디에서도 소통의 기술을 배운 바가 없기에 지극히 감정적인 반응을 보이기 시작한다. 부모의 요구가 자신을 위한 말이라는 것을 알면서도 당장 자신이 원하는 것을 얻지 못하니까 부모의 요구에 귀를 닫아 버리는 선택을 하는 것이다.

따라서 우리는 자녀를 대할 때 무엇보다 세상에서 가장 다루기 힘든 슈퍼 갑이라는 자세를 가져야 한다. 내가 아무리 아침에 세 개, 저녁에 네 개를 주고 싶어도, 원숭이가 아침에 네 개, 저녁에 세 개를 달라고 하면 얼른 그 요구를 들어 주는 마음을 가져야 한다.

귀를 열어라
: 아이가 좋아하는 것을 아시나요?

아이와 소통하기 위해서는 아이가 좋아하는 것에 관심을 가져라. 사람은 자신이 좋아하는 것을 기억해주는 사람에게 호감을 갖기 마련이다.

"아빠가 좋아하는 음식 다섯 가지를 써보세요."

심리학자 김경일 교수는 초등학교 2학년 학생을 대상으로 실험을 했다고 한다. 그 후에 부모에게 연락해서 확인해 봤더니 2개 이상 맞춘 아이가 없었다고 한다.

부모와 초등학생의 문제만이 아니다. 우리는 의외로 상대가 좋아하는 것에 큰 관심을 갖지 않는다. 싫어하는 것은 저절로 기억하지만 좋아하는 것은 애써 노력하지 않으면 기억하기가 어렵다. 따라서 우리는 일부러라도 상대가 좋아하는 것이 무엇인지 관심을 갖고 그것을 기억하도록 노력해야 한다.

한번 점검해 보자. 나는 과연 아이가 좋아하는 것을 얼마나 알고 있는가? 아이가 좋아하는 것을 다섯 가지만 적어보자. 그리고 다 적은 다음에 아이에게 슬쩍 물어서 확인해 보자.

나는 과연 몇 개나 맞혔는가?

소통은 아이가 좋아하는 것이 무엇인지 관심을 갖고 상대가 원하는 것에 귀를 기울이는데 있다.

나는 딸하고 이야기하는 것이 즐겁다. 조금만 호기심을 갖고 귀를 기울이면 딸은 미주알 고주알 다 털어 놓는다. 그래서 처음부터 대화를 잘 해왔고, 지금도 그 대화는 잘 이어지고 있다. 그렇게 잘 소통하고 있다.

하지만 아들은 딸과 다르다. 관심을 갖고 뭔가를 물어보면 "몰라요."가 전부였다. 그래서 아들과 소통하기 위해서는 더 많은 노력을 기울였다. 어떻게든지 함께 하려고 아들이 좋아할 만한 것을 찾았는데, 그것이 바로 자전거 전국일주였다. 자전거는 3~4시간을 타야 하니까 지루할 때가 많다. 그래서 지루함을 없애기 위해 처음에는 무전기를 구입해서 대화를 시도했다. 자전거를 타면서 무전기를 사용하는 것은 위험했다. 말할 때와 수신할 때 손을 잡고 활용해야 하기에 사고의 위험도 있었다. 그래서 핸드폰을 사용했다. 이어폰을 양쪽에 꽂으면 그것도 위험하니까 한 쪽 귀에만 꽂기로 했다. 그리고 수시로 대화를 시도했다.

"위험해! 천천히 가!"

처음에는 이런 말로 시작했다. 하지만 점차 심심해 질 무렵에 "여자 친구 있어?"라는 식으로 대화를 시도했다.

"없어."

처음에는 이렇게 단답형으로 대답하던 아이가 점차 말이 많아지기 시작했다. 그렇게 오랜 시간 소통을 시도했더니, 나중에는 완전히 수다쟁이가 되었다. 너무 신기해서 그것을 녹음해서 아내에게 들려줬더니, 아내는 크게 놀라는 표정이었다. 평소에 아이가 이렇게 끊임없이 말하는 것을 들어본 적이 없다고 했다.

나는 아이가 좋아하는 것에 초점을 맞춰 끊임없이 관심을 보였고, 그 궁금증을 풀기 위해 끊임없이 묻기 시작했다. 그러니까 아이는 점차 많은 이야기를 했고, 나는 그것을 잘 기억했다가 나중에 그것으로 더욱 친밀감 있게 소통하는 노력을 기울였다. 그래서인지 지금 아이는 아빠가 원하는 것만큼 잘 자라주고 있다. 무슨 문제가 생기면 아빠에게 묻고, 소통하는 자세를 취한다. 아이에게 관심을 갖고 소통을 시도한 것이 큰 효과를 본 것이다.

마음을 열어라

: 나는 아이 때 어떠했는가?

● 아이 입장이 되어 봤는가?

> **아이** : 내가 잘 수도 없는데 공부해야 하나? 잘 수도 없고…….
>
> **엄마** : 숙제 빨리 끝내.

아이 : 이런 일이 몇 번째야?

엄마 : 처음부터 다시 해봐.

아이 : (울면서) 내가 자려고 해도 정말 잘 수도 없고⋯⋯.

엄마 : 잔 말 말고 숙제나 다 해.

아이 : 이래 갖고 내가 살 수가 없어.

대화를 들어보면 서로 전혀 다른 이야기를 하고 있다. 아이는 졸려서 자려고 하는데, 엄마는 어떻게든지 숙제를 끝내라고 한다. 아이는 졸린 눈을 비비며 짜증을 부리는데, 엄마는 어떻게든지 숙제를 끝내야 봐준다는 자세다. 아이는 아직 어려서 그렇다 치고, 아이를 훈육하는 엄마는 자신이 왜 아이를 잡고 있는지 본래목적을 잊어 버렸다. 훈육이라는 목적을 잠시 내려놓고 무엇보다 먼저 엄마가 아이를 위하는 길이 무엇인가 생각해본다면 답은 나올 것이다. 아이가 온몸으로 말하는 소리를 들어야 한다.

언제부턴가 우리나라의 부모들은 아이들의 슈퍼 갑이 되었다. 아이들은 다섯 살만 되어도 유치원에 보내지고, 자신의 의지와 관계없이 슈퍼 갑인 부모의 눈치를 보며 마음에도 없는 공부를 억지로 하는 경우가 많다. 경제적 자립권이 없기 때문에 생존을 위해서라도 슈퍼 갑인 부모의 지시를 따라야 한다. 그런데 정작 부모는 양육권을 쥐고 있다는 것을 무기로 아이의 마음을 헤아리기보다 자신의 욕심을 채우기 급급하다. 참으로 안타까운 일이다.

아무리 아이를 위한 일이라도 아이가 스스로 하도록 마음을 일으키지 못하면 그 일은 결과적으로 아이를 해치는 일이다. 자녀를 교육하기 위해 부모는 더욱 설득의 기술을 배워야 한다. 아이의 일은 아이가 스스로 선택할 수 있도록 이끌어야 한다. 그것이 부모의 몫이고, 부모의 사명이다.

● 노력한 부분을 칭찬하는가?

맹목적인 칭찬은 자칫 아이를 안 좋은 길로 빠트릴 수 있다. 따라서 칭찬할 때도 상황을 잘 파악해서 아이에게 좋은 효과를 주는 칭찬하는 방법을 활용할 줄 알아야 한다. 아이를 칭찬할 때는 능력이나 성과보다는 노력한 과정을 칭찬해줘야 한다. 그러기 위해서는 먼저 아이에게 관심을 갖고 아이가 부족한 부분을 채우기 위해 노력한 부분을 구체적으로 살펴봐야 한다.

방송국에서 아이들을 상대로 실험을 했다. 한 부류의 아이들에게는 "뛰어나구나, 머리가 좋구나. 능력이 있구나"라는 능력 칭찬을 해줬고, 또 다른 부류에게는 "열심히 했네. 와, 이렇게 노력한 부분이 정말 좋아 보이네."라는 식으로 노력한 부분을 칭찬해 줬다.

그런 다음에 두 부류에게 똑같은 문제를 내주고 선생님이 잠깐 자리를 비워보였다. 그랬더니 능력을 칭찬한 부류의 아이들은 어려운 문제를 풀지 않으려고 하거나 선생님이 없을 때 컨닝을 해서라도 높은 점수를 맞으려고 기를 쓰는 행동을 보였다. 이에 반해 노력을 칭찬한 아이들은 문제가 아무리 어려워도 풀어보려는 노력을 기울였고, 선생님이 자리를 비워도 컨닝보다 문제를 푸는 그 자체에 집중하는 모습을 보여줬다.

아이를 칭찬할 때 왜 능력이나 재능보다 노력의 과정을 칭찬해야 하는지 잘 보여주는 실험이다.

딸아이가 초등학교 4학년 때 반에서 일등을 했다. 집에서는 난리가 났다. 나 역시 선물로 케이크를 사들고 집으로 들어갔다. 그리고 딸아이와 대화를 시도하며 노력한 부분을 칭찬하기 위해 노력했다. 딸아이는 전과목에서 국어만 한 문제를 틀렸다고 했다. 나는 일단 잘했다고 칭찬을 한 다음에 아이가 노력한 부분을 칭찬하기 위해 물어 보았다.

"그거 하나 틀린 것, 네가 알고 틀린 거야, 모르고 틀린 거야?"

아이는 그 전에 덜렁대서 실수로 틀리는 문제가 많았다. 그래서 그 부분에 대해 많은 이야기를 나눴는데, 이번엔 덜렁대서 아는 문제를 틀린 것은 없다고 했다. 한 문제는 정말 몰라서 틀린 것이라고 했다.

"그랬구나. 내가 칭찬해주는 것은 점수를 잘 맞아서 해주는 게 아니라, 실수한 게 없는 거라 칭찬해 주는 거야. 그러니까 다음에도 올백이 아니어도 실수만 하지 않으면 아빠가 또 케이크를 사줄게. 정말 잘 해보자."

딸아이는 입이 함지박처럼 벌어졌다. 자신이 노력한 부분을 칭찬을 해주니까 뿌듯한 성취감을 느낀 표정이었다.

아들도 마찬가지였다. 어느날 아이가 수학에 백점을 맞았다고 좋아했다.

"열심히 노력해서 백 점 맞았구나. 다음에도 열심히 노력해서 또 백점을 맞아야지."

대부분의 부모들은 이렇게 칭찬을 한다. 하지만 나는 얼른 과정에 초점을 맞춰 칭찬을 하기 시작했다.

"동민아, 시험지 좀 가져와 봐. 오랜만에 아빠도 문제 좀 풀어 보자."

그리고 문제를 풀어가며 아이에게 대화를 시도했다.

"이 문제 어떻게 풀었어?"

아들이 옆에서 열심히 설명을 했다. 그런데 25번 문제는 어려워서 나는 풀지를 못했다. 그때 집사람이 다른 친구들은 25번 문제를 다 틀렸는데, 아들만 혼자 맞아서 일등을 한 것이라고 힌트를 줬다.

"야, 아빠도 모르겠다. 아들은 어떻게 풀었어?"
그랬더니 쭉 설명하기 시작했다.
"야, 요즘 애들 이렇게 어려운 문제를 푸네. 아빠도 수학 잘 했었는데 이 문제는 모르는데, 아들 참 잘 했다."

아이는 자신의 노력을 칭찬해 주니까 정말 좋아했다. 나는 이런 경험을 통해 성적이나 능력을 칭찬하는 것보다 노력한 부분을 칭찬해 주는 것이 훨씬 효과적이라는 것을 확인하고 있다.

아들과 딸은 지금도 노력에 초점을 맞춰 공부하면서 모르는 것이 있으면 아빠인 내게 서슴없이 묻고 답을 찾아가는 노력을 기울이고 있다.

지갑을 열어라
: 아이 때는 잔소리보다 물질에 약하다

● 보상의 부작용을 아시나요?

아이들에게 지갑을 열 때도 전략이 필요하다. 아이가 해달라는 대로 무조건 해주다 보면 아이는 나중에 그것을 당연하게 여긴다. 어렸을 때 버릇을 잘못 들여 놓으면 아이는 점차 자라면서 부모가 해주는 선물은 당연한 것이고, 어쩌다 못해주면 손해라는 생각을 갖게 된다.

아이를 망치려면 아이가 해달라는 대로 다 해주라는 말이 있다. 이런 아이는 커가면서 부모가 아무리 좋은 것을 해줘도 고마워할 줄 모르고, 어쩌다 못해주는 것이라도 있으면 부모를 원망하기 십상이다.

"이번 시험에 올백 맞아오면 장난감 사줄게."

아이의 성적을 향상시키겠다는 이유로 이렇게 조건을 거는 경우도 마찬가지다. 부모 입장에서는 아직 어린 아이에게 공부를 하게 만드는 동기부여를 제공한다고 생각할 수 있지만, 생각없이 이렇게 해주는 보상은 정말 큰 문제를 안고 있다. 무조건 보상해주는 것이 왜 문제가 있는지 일깨워주는 외국 우화가 있다.

옛날 어느 마을에 홀로 사는 노인이 있었다. 어느 날부터 동네 꼬마들이 노인의 창밖에서 시끄럽게 놀기 시작했다. 노인은 아이들을 조용히 시킬 방법을 떠올리고 아이들을 집안으로 불러 들였다. 그리고 말했다.

"애들아, 내가 귀가 잘 안 들려서 그러니까 앞으로 날마다 우리집 근처에 와서 시끄럽게 떠들며 놀아줄래? 그러며 내가 각자에게 날마다 25센트를 줄게."

아이들은 어차피 놀던 곳인데 돈까지 준다니까 더 시끄럽게 떠들며 놀기 시작했다. 노인은 약속대로 돈을 주며 다음 날에도 또 와서 놀아달라고 했다. 다음 날도 그 다음 날도 노인은 또 돈을 주었다. 하지만 금액은 25센트에서 20센트로, 15센트로 날마다 줄어들었다. 그리고 마지막에는 더 이상 돈이 없어서 줄 수 없다고 했다. 그러자 아이들은 화를 내며 말했다.

"이렇게 적은 돈을 받고는 더 이상 떠들며 놀아 줄 수 없어요."

그 후 노인의 집은 다시 평화를 되찾게 되었다.

아이들은 한두 번 보상에 맛을 들이다 보면 점차 본래목적을 놓치고 보상에 집착하게 된다. 공부가 주가 되고 보상이 자극제가 되어야 하는데, 이런 일이 반복되다 보면 나중에는 보상 자체가 주가 되고, 공부는 완전히 뒷전으로 밀리게 되는 것이다.

나는 평소에 딸과 데이트를 자주 한다. 함께 먹고 즐기는 것이라면 일단 사주고 본다. 그런데 한번은 이런 일이 있었다. 삼성 코엑스로 구경을 갔는데 딸이 거기에 있는 민트 색 카메라를 본 것이다. 순간 갖고 싶은 욕심이 생겼는데, 47만 원이란 가격을 보고 자기도 그냥 사 달라기는 좀 그랬나 보다. 아이가 먼저 이렇게 말했다.

"아빠, 나 이번에 기말고사에서 수학 90점 맞으면…. 아, 아니다. 아냐, 아빠 괜찮아."

Self leadership 귀마지 소통법

평소에 아빠가 시험 점수를 조건으로 무엇을 해주겠다고 하는 것을 싫어한다는 것을 알고 얼른 꼬리를 내렸다. 아이는 아빠가 평소에 아빠로서 해줘야 할 것은 당연히 해주듯이, 자신이 당연히 해야 할 시험이나 심부름 같은 것을 해주면 뭐해준다는 식으로 한 적이 없다는 것을 잘 알고 있었다.

아이들에게 지갑을 열 때는 반드시 전략이 필요하다.

일단 아이에게 꼭 필요하고 언젠가는 꼭 구입해야 할 물건이라면 조건 달지 말고 먼저 사주는 것이 좋다. 또한 부모와 아이가 함께 먹고 어울릴 수 있는 것이라면 그것도 일단 사주고 보는 것이 좋다. 그런 것들은 대개 큰돈도 들지 않을 뿐더러 설사 돈이 좀 들더라도 아이와 소통할 수 있는 기회를 제공해 주기 때문에 그것만으로도 충분히 투자 가치가 있다. 그러면 아이는 필요한 것은 부모가 꼭 사준다는 생각에 평소에 큰 욕구 불만이 없게 된다. 일단 아이와 소통을 원활하게 해놨기 때문에 나중에 아이에게 쓴소리를 해도 통할 수 있는 길을 열어 놓게 되는 것이다.

● 사랑할수록 조심해서 지갑을 열자

보상의 부정적인 면이 있다고 무조건 보상을 없애는 것도 문제다. 아이들은 또래와 어울리기 때문에 때로는 꼭 보상을 해줘야 할 때가 있다. 친구가 백 점을 맞았다고 엄마한테 큰 선물을 받고 자랑을 하는데, 나는 보상을 해주지 않겠다는 원칙을 정했다고 무조건 밀어붙이면 어떤 일이 벌어지겠는가?

"엄마, 친구는 수학 백 점 맞으면 장난감 사준다고 했대. 나도 그러면 백 점 맞으면 장난감 사줘!"

이럴 때 어떻게 하는 것이 좋을까? 일단 가장 좋은 방법은 아이에게 그 장난감을 갖고 싶은 이유를 물어보고, 그 이유가 타당하다면 미리 사주는 것도 좋은 방법이다. 그리고 이렇게 말해주는 것이 좋다.

"공부는 학생이 당연히 해야 하는 건데 그것을 목표로 장난감 사달라는 것은 좀 그렇지 않니? 네가 꼭 갖고 싶어하는 것 같아서 장난감은 아빠가 사줄 테니까 너는 네가 당연히 해야 하는 공부를 더욱 열심히 해. 알았지?"

미리 주고 이렇게 말해주면 아이는 자신의 욕구를 충족시켜준 부모의 마음을 십분 헤아리고 감동을 먹어 공부에 전념하게 된다.

그럼에도 불구하고 아이에게 보상을 걸고 싶을 때는 최소한으로, 가급적 동기부여를 확신할 때, 학습과 연계된 것으로 해주는 것이 좋다.

"이번에 영어에서 백 점 맞으면 이번 방학에 영어연수 여행 보내 주세요."

이런 것은 능력만 된다면 학습과 연계된 것이니까 최대한 들어주는 것이 좋다.

보상을 만능주의로 여기는 것도 문제지만, 보상을 무조건 나쁘게 보는 것도 문제다. 보상의 부정적인 면을 최소화시키기 위해 동기부여를 확신할 때 가끔 보상을 활용하는 것도 좋은 방법이다.

그런데 우리 주변에는 이렇게 기본적인 보상조차 해주지 않는 부모가 많다. 그러니까 아이는 평생 그것을 한으로 품게 되고, 극도로 부모를 불신하면서 소통의 창을 닫게 되는 것이다.

실제로 내가 아는 사람 중에는 어렸을 때 아버지가 일등하면 그 당시 유행하던 오디오를 사준다고 해놓고 끝내 사주지 않은 것 때문에 아버지와 소통의 창이 닫힌 경우도 있다.

"일등 하면 오디오 사주세요."

"그래, 일등만 해 봐라."

이렇게 해놓고 막상 일등을 해왔더니 "다시 또 일등 해 오라"고 그랬고, 그렇게 세 번을 연속 일등을 해오니까 약속했던 선물은 안 사주고, "너는 공부를 오디오 때문에 하냐?"며 아예 성적표를 찢어버렸다는 것이다. 그때 입은 상처가 워낙 커서 지금도 아버지만 보면 좋은 감정이 올라오지 않는다는 것이다. 참으로 안타까운 일이다.

● 좋은 걸 사줘도 욕먹는 이유는?

선물을 할 때는 가급적 아이가 원하는 것을 해주는 것이 좋다. 선물을 주면서 어쩌고 저쩌고 조건을 다는 것이 아니라 선물 자체로 기쁨을 누리게 하는 것이 최선이다. 그러기 위해서는 먼저 아이와 자꾸 소통을 해야 한다.

"아빠, 나 저 바지 사주세요."

간혹 부모는 큰 맘을 먹고 비싼 옷을 사주려고 했는데, 아이가 여기저기 찢어진 청바지를 고른다면 어떻게 하는가? 평소에 아이와 소통한 부모는 그대로 아이가 원하는 것을 사주는 경우가 많다.

하지만 평소에 소통이 부족한 부모는 그 순간에도 가만히 있지 않는다.

"너는 애가 어째 그러냐? 오늘 아빠가 큰맘 먹고 비싼 옷 사줄 테니까 좋은 걸로 골라봐."

"아빠, 나는 이게 좋아요."

"이게 뭐가 좋다고 그래? 꼭 양아치들이나 입는 옷처럼 생겼건만."

이런 식으로 기어이 부모가 사주고 싶은 비싼 옷을 사주고 만다. 정말 생각해 볼 문제다. 이 옷이 과연 아이에게 선물로 받아들여질까?

아이는 이미 자신이 원하는 것을 이루지 못했기 때문에 훨씬 비싼 옷을 선물로 받고도 그야말로 받은 게 없게 되는 것이다. 그 비싼 선물로 아이의 마음을 얻기보다 오히려 아이와 등을 지게 됨으로써 소통과 더 먼 길을 가게 되는 것이다.

따라서 선물을 할 때는 일단 아이가 원하는 것을 사줄 수 있어야 한다. 그것이 소통으로 가는 지름길이다.

부부관계를 좋게 하는
귀마지 소통법
Self leadership

귀를 열어라
: 연애에 빠진 것처럼

예전에 군부대 지역을 지나가다가 외박을 나온 군인과 면회를 온 애인이 걸어가는 모습을 본 적이 있다. 군인은 복장과 전혀 어울리지 않게 애인의 작고 빨간 핸드백을 소중하게 들고 있었다. 어디 그뿐인가? 높은 구두를 신고 온 애인이 잠시 쉬었다가 가자고 하자, 얼른 빳빳하게 다림질을 한 손수건을 꺼내 벤치에 깔아주며 갖은 정성을 다 하고 있었다. 만약 영업사원이 고객의 마음을 얻기 위해 저렇게 정성을 기울인다면 세상에 따내지 못할 계약은 없을 것이다.

사실 누구나 연애를 할 때는 다 그런 모습이었다. 그때는 서로가 서로의 마음을 얻기 위해 완벽한 자세로 상대를 대한다. 그런데 결혼을 해서 아이를 낳고 아옹다옹 살아가다 보니 어느 순간 서로 대접 받기를 원한다. 특히 이런 경향은 여자보다 남자가 더욱 강하다.

현재 우리나라는 하루 평균 840쌍이 결혼을 하고, 398쌍이 이혼을 한다. 연애결혼이 대세가 되면서 누구나 결혼 전에는 서로 없으면 못살 것 같은 경험이 있을 텐데 어떻게 쉽게 헤어질 수 있는 것일까? 물론 경제적인 이유나 사회적인 이유, 시댁과 처가 식구들의 개입 등도 이혼율을 높이는 사유가 되겠지만, 그 근본 원인은 연애할 때 상대를 극진하게 모시던 초심을 잃어버린 것에 있다.

SBS 방송에서 〈부부 사이 성공의 법칙〉이라는 프로그램이 방영된 적이 있다. 그 중에 남편과 아내 사이의 의사소통에 관한 장면이 있는데, 잠깐 그 장면을 들여다보기로 하자. 초보운전인 아내가 차를 몰고 남편이 조수석에 앉아서 코치를 하는 장면이다.

남편 : 자, 출발!

아내 : (바로 출발하지 못하고 멈칫 했다가 차를 움직인다.)

남편 : 이것 봐, 다른 차들은 다 출발을 하는데 출발하나 제대로

하지 못하고…….

아내 : (화난 목소리로) 저 사람들이 초보야?

남편 : 이러면 뒤에 차들이 얼마나 성질내는 줄 알아?

아내 : 그러니까 저 사람들이 초보냐고? 난 초보거든.

남편 : (어느 정도 운전한 뒤에) 자, 이제 신호등에 걸리니까 천천히 브레이크를 밟고…….

아내 : (익숙하지 못해서 브레이크를 확 밟는다.)

남편 : 아, 브레이클 확 밟으면 어떻게 해? 아~ 참!

아내 : 브레이크 밟으라며?

남편 : 이 사람아, 그러다가 잘못하면 뒤차가 와서 들이받는단 말이야. 시키면 시키는 대로 좀 해!

아내 : 시키는 대로 하고 있잖아. 아, 더럽고 치사해서 이제 다시는 운전 안 해!

남편 : 하지 마! 하지 마!

아내 : 다시는 나한테 운전하라고 하기만 해봐라.

남편 : 운전을 그 따위로 해서 어떻게 하려고 해!

아내 : 어째, 친구들이 남편에게 운전은 절대로 배우지 말라고 하더라. 그것도 모르고 우리 남편은 안 그렇다고 했는데, 에고, 우리 남편은 안 그러기는 개떡이나 안 그러네.

남편 : (계속 운전하는 아내에게) 잘 봐! 괜히 헛소리하지 말고.

이 대화에 보이는 남편의 문제점은 소중한 가족인 아내보다 뒤차를 더 걱정하고 있다는 점이다. 늦게 출발하거나 급하게 브레이크를 밟으면 뒤차가 짜증을 낸다고 걱정하면서 아내가 얼마나 긴장을 하고 있는지 전혀 고려하지 않았다.

이 남편도 연애 때는 복장에 어울리지 않게 빨간 핸드백을 들어주고, 애인을 위해 뻣뻣한 손수건을 깔아주던 군인과 비슷한 행동을 했을 것이다. 그런데 어쩌다가 이렇게까지 된 것일까?

만약 남편이 운전을 가르치는 강사이고, 아내가 운전을 배우는 수강생이었더라도 이런 식의 대화가 오고 갔을까? 남편은 아내의 마음을 얻기 위해 정성을 다했을 것이고, 아내는 남편의 말에 귀를 기울여 정성을 다해 운전을 배웠을 것이다.

문제는 서로가 연애할 때 상대의 마음을 얻기 위해 갖은 노력을 기울였던 자세를 버리고 이제 서로 대접을 받는 자세로 변했기 때문이다. 남편은 아내의 마음을 얻기 위해 어떤 노력도 기울이지 않았고, 아내 역시 남편의 말은 아예 듣지도 않고 감정적인 반응만을 보이고 있다.

나는 아내와 소통을 위해서 아내가 선정한 드라마를 함께 본다. 그러다 보니 자꾸 궁금한 것이 생기고, 자꾸 물어볼 일이 생긴다. 다행히 요즘은 11시 넘어서 하는 드라마가 있어서 좋다. 어쩌다 너무 바빠서 함께 보지 못했을 때는 아내에게 묻게 되고, 아내는 그것을 이야기해주는 가운데 서로를 알아간다. 어떨 때는 결과를 검색도 해보고, 서로 결과를 유추해 보며, 이야기는 나누는 가운데 더 친밀도가 생긴다.

한 번쯤 연애할 때를 떠올려보자. 그때는 누구나 먼저 상대의 마음을 얻기 위해 노력을 기울였다. 마치 절대로 놓치면 안 될 것 같은 고객을 대하는 마음으로 상대를 대했다. 그러니까 상대 역시 만날 때마다 고객의 욕구를 충족시켜주는 최고의 영업사원을 기다리는 설레는 마음으로 나를 대한 것이다.

세상에 저절로 이뤄지는 것은 없다. 결혼은 연애의 사냥감이 아니다. 결혼을 연애의 먹잇감으로 여기는 순간 그것은 곧 깨질 수밖에 없다. 말 한 마디를 하더라도 상대의 마음을 배려해야 한다. 연애할 때는 누가 시키지 않아도 저절로 배려하지 않았던가?

마음을 열어라

: 서로 존경하는 존댓말로

> **남자** : 정말 좋아. 기다리다 목 빠지는 줄 알았어.
>
> **여자** : 당신, 내가 떠난다면 어떻게 할 거야?
>
> **남자** : 그런 거 꿈도 꾸지 마!
>
> **여자** : 나, 사랑해?
>
> **남자** : 당연하지! 죽을 때까지.
>
> **여자** : 당신, 바람필 거야?
>
> **남자** : 뭐? 도대체 그딴 걸 왜 묻는 거야?
>
> **여자** : 나, 매일매일 키스해줄 거야?
>
> **남자** : 당연하지. 지금도 그러고 싶은걸.
>
> **여자** : 당신, 나 때릴 거야?
>
> **남자** : 미쳤어. 사람 보는 눈이 그렇게 없어?
>
> **여자** : 나, 당신 믿어도 돼?
>
> **남자** : 응.
>
> **여자** : 여보!

한때 이런 대화가 인터넷에 우스갯소리로 떠돈 적이 있었다.
이 대화는 누가 봐도 사랑에 빠져 있는 연인 사이에 나누는 닭살

돈는 이야기다. 그런데 이런 사람들이 결혼을 해서 아이를 낳고 살다 보면 어느 순간 대화 내용이 바뀐다. 한 번 위에 나오는 대화를 밑에서부터 거꾸로 읽어보라!

이 이야기는 연애 시기에는 서로 을의 마음으로 살다가, 결혼과 동시에 서로 갑의 지위를 차지해서 사는 일반 사람들의 모습을 그대로 담고 있다. 상황이 이렇게 급하게 반전되는 이유에는 물론 사냥을 끝낸 사냥꾼이 새로운 먹잇감에 눈을 돌리는 마인드가 담겨 있다. 그러나 앞에서 살펴봤듯이 부부는 사냥꾼과 먹잇감의 관계가 아니다. 마지막 순간까지 서로 상대를 배려하며 더불어 행복을 추구해야 원만한 사랑을 유지할 수 있는 관계다. 그런데 이것이 참 힘들다.

그래서 우리는 '귀마지 소통법'을 배워야 한다. 구체적으로 현실 속에서 적용할 수 있는 간단한 기술을 익혀야 한다. 그것은 생각보다 간단하다. '귀마지 소통법'의 2단계, 마음을 얻기 위해서 먼저 상대방을 존경하는 말을 사용하면 된다.

상대방에게 존댓말을 쓰게 했더니 아무리 화가 나더라도 말이 부드러워지고, 감정 때문에 얼굴을 붉히는 경우가 현저하게 줄어들면서 관계가 개선되었다는 실험 결과가 이를 증명한다.

● 부부의 마음을 여는 대화법

큰 맘 먹고 비싼 머리를 했다. 동네 아줌마들의 반응도 뜨거웠다. 그때 남편이 퇴근을 해서 들어왔다. 아내는 반가운 표정으로 다가간다.

"여보, 왔어?"

아내는 남편에게 파마한 머리를 보이며 예쁘다는 소리를 듣고 싶어서 애교를 부린다. 그러나 남편은 그런 아내를 보고 매정하게 말한다.

"배고파. 밥 줘!"

상처 치료제 광고의 일부다. 일을 마치고 온 남편은 배가 고파서 아무것도 보이지 않고, 예쁘다는 소리를 듣고 싶었던 아내는 상처를 입는다. 광고에서는 남편이 아내에게 상처를 준 것처럼 보이지만, 실상을 들여다보면 남편의 상처도 결코 만만치 않다. 그렇게 상처를 받은 아내가 차린 밥상이 어떨 것인가? 결국 서로에게 주고받은 상처의 크기는 다르지 않을 것이다.

그렇다면 그 상처는 누가 준 것일까? 따지고 보면 그 상처는 남편이, 또는 아내가 준 것이 아니라 바로 자기 스스로 받은 것이다.

부부관계에서 생기는 모든 상처는 결국 스스로 자처한 것이다. 이 상처에서 벗어나기 위해서 우리는 무엇보다 상대가 하는 말의 뜻에 귀를 기울일 수 있어야 한다.

● 복사화법 실전연습

"여보, 왔어?"
"배고파. 밥 줘."

이럴 때 아내라면 먼저 남편의 상태를 봐야 한다. 지금 이 남자는 오로지 배가 고플 뿐이다. 그러다 보니 오직 배를 채울 생각밖에 없다. 남자는 그만큼 단순한 존재이다. 이때는 얼른 남편의 배고픈 문제를 해결해줘야 한다.

남편도 이럴 때 아무리 배가 고파도 반갑게 맞이하는 아내의 말뜻이 무엇인지 살피는 노력이 필요하다. 평소에 안 하던 말을 할 때는 반드시 새로운 뜻이 담겨 있다는 것을 알아야 한다. 특히 여자는 남자와 달라서 뭔가 하고 싶은 말이 있을 때 의문형을 사용한다는 것을 알면 대화하기가 훨씬 수월하다. 여자가 묻는 것은 해결책을 묻는 것이 아니라 자신이 하고 싶은 말이 있으니까 잘 들어달라는 말로 들을 수 있어야 한다.

"여보, 왔어?"

당장 이 말만 해도 어떤 답을 구하기 위해 묻는 말이 아니라는 것을 알 수 있다. 이때는 묻는 말에 답을 찾기보다 묻는 뜻이 무엇인가 살필 수 있어야 한다. 아무리 생각해도 그 뜻을 모르겠다 싶을 때는 상대의 말을 반복하면서 상대가 하고 싶은 말을 하도록 질문을 던지면 된다. 이른바 복사화법이다.

"여보, 왔어?"
"응, 왔어? 오늘 무슨 일 있나?"
"여보, 나 변한 거 없어?"
평소에 관심이 없어서 변한 것이 무엇인지 모른다 하더라도 걱정할 것이 없다. 상대가 한 말을 그대로 반복하고, 또다시 상대가 말하도록 질문을 던지면 된다.

"어, 뭔가 한 거 같은데, 뭐가 변했지?"
"아, 나 머리했잖아."

"아, 머리했구나. 예쁘네."

"여보, 나 어디서 했게?"

"글쎄, 어디서 했을까?"

"아파트 입구에 미용실이 하나 생겼는데, 거기서 했다."

"아파트 입구에 새로 미용실이 생겼는데 거기서 했구나."

"여보, 그 미용실 이름이 뭔지 알아?"

"그 미용실 이름이 뭔데?"

"세상에 미용실 이름이 '까꼬뽀꼬' 야~ 깔깔깔."

"아, 그 미용실 이름 참 특이하네. '까꼬뽀꼬' 라고? 하하하."

"여보, 얼마 주고 했는지 알아?"

"글쎄, 얼마 주었을까?"

"만 원 주고 했지."

"만 원 주고 했구나. 싸게 했네."

이렇게 호응만 해줘도 아내는 자신이 존중받는다는 느낌을 갖기 때문에 밥상을 차리는 마음이 달라진다.

이 대화를 살펴보면 규칙을 발견할 수 있다. 남편은 아내의 말을 거의 그대로 따라하고 있다. 이것을 복사화법이라 한다. 여기에는 경청의 힘이 있다. 사람은 상대가 내 말을 중간 중간 따라해주면 나의 이야기를 잘 듣고 있다고 생각한다. 그리고 그 내용을 반복해서 질문하면 대화가 핑퐁게임 하듯이 리듬감 있고 물 흐르듯이 자연스러워진다.

상대의 말을 잘 받아서 복사해주면 당신도 화술의 달인이 될수 있고 갑의 사랑을 듬뿍 받는 행복한 남편 또는 아내가 될 수있다.

지갑을 열어라
: 정기적으로 선물하라

인터넷을 검색하다가 우연히 '남편의 도리' 라는 좋은 구절을만났다. 부처님이 제자들에게 남편으로서 지켜야 할 도리 5가지를 말한 것인데 정말 가슴에 와 닿아 옮겨 본다.

남편은 바른 마음으로 아내를 존경해야 하며, 아내의 뜻에 대하여 원한을 품지 않으며, 딴 여인에 대한 애정을 지니지 말며, 때에 맞추어 음식과 옷이 부족하지 않게 충족시켜줘야 하며, 때때로 보배와 장신구를 선물로 주어 기쁘게 해야 한다.

구구절절이 옳은 말이라 모든 말이 다 가슴을 찌르지만, 이 중에 가장 와 닿는 것은 '때에 맞추어 음식과 옷이 부족하지 않게 충족시켜줘야 한다'는 것과 '때때로 보배와 장신구를 선물로 주어 기쁘게 해야 한다'는 구절이다.

그나마 나는 나름대로 경제적으로는 부족함이 없게 해줬다. 생각해 보면 '때에 맞추어 음식과 옷이 부족하지 않게 충족시켜줘야 한다'는 말은 잘 지키고 있는 것이다. 그런데 마지막 구절 '때때로 보배와 장신구를 선물로 주어 기쁘게 해야 한다'는 말에는 가슴이 찔린다.

아내는 한 집안의 엄마가 되면서 자기를 가꾸는 일에 소홀해지기 마련이다. 돈이 생겨도 자식과 남편을 먼저 챙기기 바쁘기에 스스로 자신을 챙길 마음을 내지 못한다. 그런데 대부분의 남편들은 돈만 벌어다 주는 것으로 아내에게 최선을 다했다고 생각한다. 그런 점에서 우리 남편들은 정말 반성할 것이 많다.

입장을 바꿔보자. 아내가 돈을 벌어다 주고 내게 집안 살림을 맡긴다면 과연 나는 나를 위해 얼마나 쓸 수 있을까? 정말 어려운 일이다. 이때 남편이 미리 알아서 아내의 몫을 챙겨준다면 얼마나 좋겠는가? 아내가 스스로 자신을 위해 쓰지 못하는 마음을 헤아려서 남편의 몫으로 챙겨주는 것이다.

이제부터 사랑하는 아내, 또는 남편을 위해 정기적으로 지갑을 열어보자. 이왕 쓰는 것이라면 화끈하게 쓰고, 선물 하나에 진심을 담아보자. 그 선물의 여운은 정말 오래 갈 것이다.